초보를 위한 스페인어 첫걸음

권미란 지음

- 원어민이 녹음한 MP3 파일 무료다운로드
  (www.shinasa.co.kr 자료실)
- 일상생활에서 사용하는 중요 회화
- 본문에 내포된 문법의 자세한 설명

신아사

권미란

스페인 마드리드 국립대학교 신문학과 졸업
스페인 마드리드 국립대학교 스페인 신문학 석사
스페인 마드리드 국립대학교 스페인 신문학 박사
외무·행정·사법 등 각종 국가고시 출제위원
캐나다 브리티시 컬럼비아 대학교 교환교수
현 부산외국어대학교 스페인어과 교수

초보를 위한
스페인어 첫걸음

초판 1쇄 발행 _ 2014년 8월 30일
초판 2쇄 발행 _ 2020년 2월 20일

저　　자 • 권 미 란
발 행 인 • 정 현 걸
발　　행 • 신 아 사
인　　쇄 • 토탈프로세스
출판등록 • 1956년 1월 5일 (제9-52호)
주　　소 • 서울특별시 은평구 통일로59길 4 (2F)
전　　화 • (02)382-6411 • 팩스 (02)382-6401
홈페이지 • www.shinasa.co.kr
E-MAIL • shinasa@daum.net

ISBN: 978-89-8396-862-3 (93770)

정가 *17,000* 원

머리말

오늘날에는 과거와 달리 교양을 통해 사람과 세상에 대해 폭넓은 이해를 할 수 있고 나아가 세상과 소통할 수 있는 글로벌 인재상을 요구하고 있다. 그렇기에 외국어의 중요성은 아무리 강조해도 지나치지 않는다. 외국어로 정보를 수집하고, 이를 바탕으로 지식을 축적하여 외국문화와 소통함으로써 개인은 넓은 시야와 자신감을 얻을 수 있다. 이제 외국어 습득은 단순한 소통의 수단이 아닌 목적이 되고 있다.

세계에서 영어와 중국어 다음으로 4억 5천만이 넘는 인구의 모국어인 스페인어는 스페인은 물론이고 브라질을 제외한 중남미의 대부분의 국가들과 미국 남부지역의 히스패닉인(미국에 거주하는 라틴 아메리카 출신자)들이 사용하고 있다. 아프리카의 북부지역, 적도 기니에서도 통용되며, 유엔을 포함한 국제기구들도 스페인어를 공식언어로 채택하고 있다. 그만큼 스페인어의 중요성이 부각되어 있지만, 아직 우리나라에서는 스페인어권의 전문가들의 숫자가 상대적으로 적다. 그런 의미에서 젊은이들이 교양으로 스페인어를 배워 새로운 영역에 도전해 보는 것도 가치 있을 것이라고 본다. 또한 외국어를 배운다는 것이 마치 양파를 까듯이 지식을 하나씩 습득해 가는 과정이라 생각하고 배움을 즐겼으면 한다.

스페인어는 다른 외국어에 비해 발음과 문형이 복잡하지 않아 한국인들이 비교적 쉽게 배울 수 있는 언어이다. 발음체계만 습득하면 누구라도 사전 없이 읽을 수 있고 꾸준히 계획을 세워 학습한다면 실력향상이 가능하다. 이러한 목적 달성을 위해 스페인어를 처음 접하거나 아직 스페인어에 대해 이해가 낮은 단계에 있는 학습자들을 위해 수년간 강단에서 세계화 과목으로 '기초 스페인어'를 가르친

경험을 토대로 조금이나마 도움이 되고자 하여 본 교재를 만들게 되었다.

이 책은 14개의 단원으로 구성되어 있다. 첫 단원은 준비단계로서 스페인어 알파벳 체계와 정확한 발음 방법을 학습하도록 분류하였고, 나머지 단원에는 일상생활에서 겪을 수 있는 내용의 대화문들을 실어 실용적인 면을 강조하였다. 즉, 13개의 단원은 일상적인 회화로 엮어낸 본문과 그에 대한 해석, 본문에 내포된 문법, 사진을 곁들여 설명되는 스페인어권 문화 엿보기, 본문과 문법을 토대로 만든 연습문제, 정답풀이와 동사변화표를 실은 부록 등으로 이루어져 있다. 또한, 책에는 반복적으로 발음연습을 할 수 있도록 원어민이 녹음한 MP3용 CD가 수록되어 있다. 즉, 효과적으로 스페인어를 습득하기 위해 우선 본문을 반복적으로 읽고 이해하고, 본문을 이용한 문법 설명과 예문들을 통해 스페인어를 학습하며, 능동적으로 연습문제를 풀어가는 과정을 통해서 학습의 효과를 기대할 수 있을 것이다.

끝으로 출간하기까지 본 교재 녹음을 위해 흔쾌히 도움을 주신 Rosa E. Rivas Hurtado, Leonardo D. Mendoza 원어민 교수님 두 분에게 진심으로 감사드리고, 또한 출판업계의 불황에도 불구하고 특수 외국어에 속하는 스페인어교재 출판을 결정해 주신 신아사 사장님을 비롯한 한규갑 상무님 그리고 관계자 여러분들에게도 깊은 감사의 말씀을 드린다.

2014년 7월 30일

저자 권미란

차례

초보를 위한

스페인어 첫걸음

스페인어 사용지역

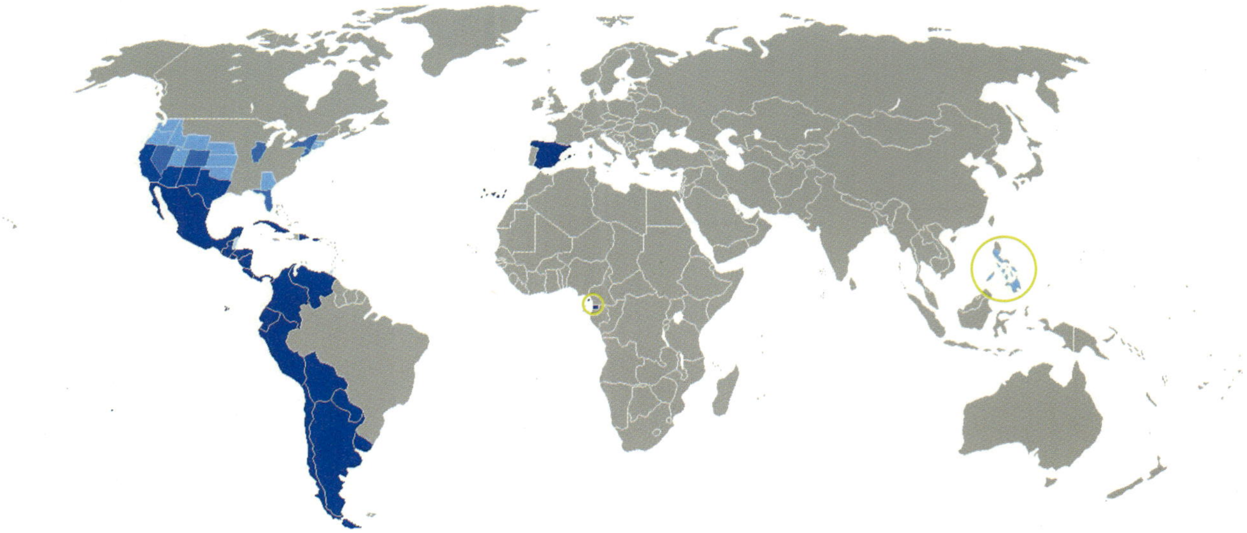

진곤색 : 모국어 100%
진 파랑색 : +25%
중간 파랑색 : 10–20%
하늘색 : 5–10%
옅은 하늘색 : 5% 미만

스페인 지도

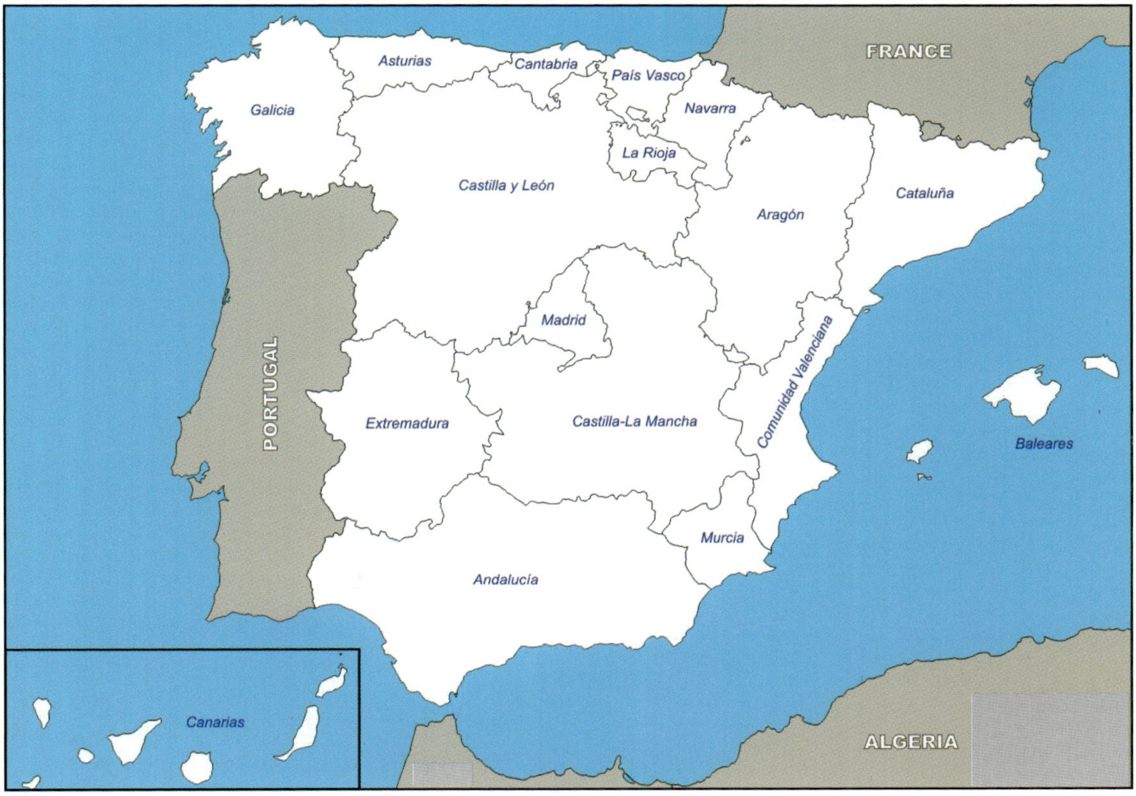
FRANCE
Asturias
Cantabria
País Vasco
Galicia
Navarra
La Rioja
Castilla y León
Cataluña
Aragón
Madrid
PORTUGAL
Comunidad Valenciana
Extremadura
Castilla-La Mancha
Baleares
Murcia
Andalucía
Canarias
ALGERIA

Lección : Preparatoria 예비 단원

1 Alfabeto Español (스페인어 알파벳)

a b c (ch) d e f g h i j k l (ll) m n ñ o p q r (rr) s t u v w x y z

스페인어 알파벳은 자모가 30개로 이루어져 있다. 그 안에는 모음 5개와 자음 25개가 있다. 그러나 문자 ch, ll, rr은 1994년 이후 개정된 철자법에 따라 c, l, r에 속하게 되면서 알파벳 철자에서 제외된 상태지만 발음체계는 그대로 유지하고 있다.

〈Alfabeto con ejemplos〉

알파벳 대 / 소문자		명칭		
A	a	a	아	Alicia, casa
B	b	be	베	Blanca, bebida
C	c	ce	쎄	Cecilia, cero
(CH)	(ch)	(che)	(체)	Charo, chico
D	d	de	데	Domingo, dedo
E	e	e	에	Elena, estrella
F	f	efe	에훼	Felipe, falda
G	g	ge	헤	Gabriel, gato
H	h	hache	아체	Hugo, hotel
I	i	i	이	Inés, isla
J	j	jota	호따	Julia, joven
K	k	ka	까	Iñaki, karate
L	l	ele	엘레	Lola, lago
(Ll)	(ll)	(elle)	(에예)	Estrella, llave
M	m	eme	에메	Matilde, mano

N	n	ene	에네	Nicolás, nube
Ñ	ñ	eñe	에녜	Begoña, niño
O	o	o	오	Olga, ojo
P	p	pe	뻬	Pepe, puerta
Q	q	cu	꾸	Quijote, queso
R	r	erre	에ㄹ~레	Raquel, rosa
(RR)	(rr)	(erre doble)	(에 ㄹ~레 도블레)	Monserrat, perro
S	s	ese	에쎄	Susana, sombra
T	t	te	떼	Teresa, toro
U	u	u	우	Luis, uva
V	v	uve	우베	Violeta, viento
		(ve)	(베)	
W	w	uve doble	우베 도블레	Wilfrido, Web
		(ve doble)	(베 도블레)	
X	x	equis	에끼스	Máximo, taxi
Y	y	i griega	이그리에가	Yolanda, yema
		(ye)	(예)	
Z	z	zeta	쎄따	Zapato, zumo

2 Pronunciación(발음)

1. Vocales(모음)

모음 5개는 a, e, i, o, u이며 강모음(a, e, o) 3개와 약모음(i, u) 2개로 이루어져 있다. 아래의 모음삼각도의 순서로 각 모음이 배열되었듯이 i,u는 혀의 위치가 다른 모음들에 비해 조금 높게 있고, e, i는 o, u보다도 구강 앞쪽에서 소리가 난다.

i u	약모음(폐모음)
e o a	강모음(개모음)

*모음은 단모음(**ca**m**a**, l**i**br**o**), 2중모음(lab**io**, c**au**sa), 3중모음(limp**iái**s, Parag**uay**)으로 표기된다.

II. Consonantes(자음)

〈주의할 발음〉

b	b : b v	bebida, bajo vino,vivir
c z	c : c + e / i z + a / o / u	cena, cielo zapato, zona, zumo
ch	ĉ	chico, muchacho
g	g : g + a / o / u gu + e / i	gato, gota, gusto guerra, guitarra
h	(무성음)	harina, hierro
k c qu	k : k c + a / o / u qu + e / i	kilo, kilómetro calor, color, cuna queja, quiosco (u : 발음하지 않음)
j g	x : j + a / e / i / o / u g + e / i	jamás, Jesús, jirafa, joven, jueves coger, dirigir
r	r	cara, torero
rr	rr : - 단어 첫머리, 자음 l,n,s 다음 - 모음사이	río, enredo carro, torre
w	b (외래어) w (외래어)	wagón(vagón), Wágner Wáshington
x	s : x + 자음 gs : 모음 + x + 모음	extranjero, extraño examen, exigir
y	y : y + 모음 i : 끝문자 I : y	yo, leyes ley, rey contar y comer

3 Silabeo(음절 분해)

거의 모든 스페인어에는 강세(acento)가 있다. 강세의 위치는 단어의 음절 분해를 통해 쉽게 파악할 수 있다. 이 음절 분해는 주로 모음을 중심으로 하여 자음 + 모음(mi,

de), 자음 + 모음 + 자음(sol, col), 모음 + 자음(en, al)의 단위로 한 음절을 구성한다. 모음에서 단모음, 2중 모음, 3중 모음 등이 한 음절 또는 여러 개의 음절을 구성할 수 있다. 즉, 모음에 강세 표시가 있거나 두 개 이상의 강모음이 있으면 음절이 여러 개가 될 수 있다.

casa 집 → ca-sa	muchacho 소년 → mu-cha-cho
examen 시험 → e-xa-men	estación 역, 계절 → es-ta-ción
constante 지속적인 → cons-tan-te	monstruo 괴물 → mons-truo
europeo 유럽의, 유럽인 → eu-ro-pe-o	país 국가 → pa-ís

4 Acento(강세)

음절은 일반적인 강세 규칙에 따라 발음을 한다. 단 불규칙한 경우에는 강세 부호를 표시한다.

1) 단어가 모음 또는 자음 n, s로 끝날 때 끝에서 두 번째 음절에 강세가 온다.

libro 책　　joven 젊은　　tenis 테니스

2) 마지막 문자가 n, s 이외의 자음으로 끝날 때는 마지막 음절에 강세가 온다.

au**tor** 작가　　ciu**dad** 도시　　a**rroz** 쌀

3) 앞의 1)과 2)의 규칙을 벗어난 경우에는 해당 음절에 강세 표시를 하지만, 단어의 의미 또는 기능에 차이를 나타내기 위해 강세를 표시하기도 한다.

café 커피	adiós 안녕	bambú 대나무
nación 국가	teléfono 전화	jardín 정원
fábrica 공장	económico 경제적인	oído 청각

〈강세의 존재 여부에 따른 의미상 차이〉

él (인칭대명사) 그 사람	el (정관사) 남성명사를 언급함
qué (의문대명사) 무엇	que (관계대명사) 사람, 사물에 사용됨
cómo (의문부사) 어떻게	como (부사, 접속사) ~와 같은, 그런고로
está (동사) **estar**의 3인칭단수	esta (지시대명사, 지시형용사) 이것, 이~

5 Entonación(억양)

억양은 개인에 따라 다소 차이가 나겠지만, 의미단위를 맞추거나 자연스러운 속도로 단어를 이어서 발음하는 것을 기본으로 여기고 있다. 즉, 단어와 단어 사이에서 발생하는 연음현상으로 음절마다 딱 끊어서 발음하지 않는다.

el oro	e-lo-ro
su cola	su-co-la
mi amigo	mia-mi-go

* 상황에 따라 화자가 문장 전체의 고저를 선택하기도 한다.

¿Dónde vive usted? 당신은 어디에 사십니까? (↗ , ↘)

* 서술형 문장은 끝을 내려 읽고(Ella canta una canción. ↘), 의문형 문장은 끝을 올리듯 읽는 것이 일반적이다(¿Qué quieres tú? ↗).

Contenidos culturales
문화 엿보기

■ 스페인어(Español, 에스빠뇰) 또는 카스티야어(Castellano, 까스따야노)의 기원

스페인어는 라틴 문자를 사용하는 이베리아로망스어군에 속하는 로망스어의 하나이다. 스페인 북부 지역에서 기원하여 카스티야 왕국에서 점차 퍼졌으며, 이후 이베리아 반도의 통합을 주도한 까스띠야 왕국의 언어로서 스페인 제1언어로 발전했다. 15~19세기 스페인 제국의 확장과 함께 아메리카 대륙에 특히 널리 퍼졌으며, 아프리카 및 아시아 태평양 지역에도 상당한 영향을 주었다. 스페인어는 현재 스페인은 물론이고, 브라질을 제외한 라틴아메리카, 미국, 적도 기니, 필리핀, 서사하라 등의 지역에서 사용되며 UN의 여섯 개 공식 언어 중 하나로서 전 세계의 모든 언어 중 가장 빠른 속도로 확산되고 있다. 스페인어는 오늘날 전 세계에서 4억 5천 2백만의 인구가 모국어로 사용하고 있으며, 이는 중국어 다음으로 많은 숫자이며 로망스어 군에 속하는 언어에서도 가장 많은 숫자이다.

대개 스페인 사람들은 스페인어를 프랑스어나 영어 등 외국어와 대비할 때는 '에스빠뇰'(스페인어)로 부르지만, 스페인의 내부 지역에서 쓰이는 갈리시아어(gallego), 바스크어(vascuence), 카탈루냐어(catalán) 등과 대비할 때는 '카스티야어'(castellano, 까스떼야노)라고 칭한다. 아메리카의 몇몇 스페인어권 국가에서도 스페인어를 칭할 때 이런 현상이 나타난다.

'까스떼야노'란 명칭은 이 언어의 기원을 직접적으로 드러내며 아메리카로 도입될 당시의 사회 · 정치적 의미를 반영한다. 아르헨티나, 파라과이, 페루, 우루과이, 칠레에서는 정치적, 이념적 연관이 없는 포괄적인 표현으로서 '에스빠뇰'보다 '까스떼야노'라고 부르길 선호하지만, 다른 라틴 아메리카 지역에서는 반대로 '에스빠뇰'이라고 더 널리 불린다.

	스페인의 언어
공용어	스페인어(까스떼야노)
지역 공용어	카탈루냐어, 바스크어, 갈리시아어, 아란어

Ejercicios

I. 다음 단어의 음절을 분해하고 악센트 위치를 표시하시오.

1. rey 왕
2. carro 마차, 자동차
3. cheque 수표
4. ayuda 도움
5. mayo 5월
6. tarde 늦은, 오후
7. temprano 이른, 일찍
8. corriente 흐르는
9. trasto 잡동사니
10. leche 우유
11. chocolate 초콜릿
12. chuleta 갈비
13. globos 풍선들
14. parque 공원
15. caramelos 캐러멜
16. bicicleta 자전거
17. edad 연령
18. Barcelona 바르셀로나
19. queso 치즈
20. escuela 학교
21. baloncesto 농구
22. lengua 언어
23. ordenador 컴퓨터
24. cuaderno 공책

II. 다음의 단어들을 읽어보시오.

1. ventana 창문
2. familia 가족
3. amistad 우정
4. médico 의사
5. muchacha 소녀
6. parientes 친척들
7. hombre 남자
8. joven 젊은, 청년
9. viejo 오래된, 늙은
10. alumno 학생

11. cantante 가수

12. lección (교과서의) 과, 교훈

13. cuarto 방, 사분의 일

14. persona 사람

15. guerra 전쟁

16. estudiar 공부하다

17. simpático 친절한

18. árboles 나무들

19. carta 편지

20. seda 실크

21. corbata 넥타이

22. país 국가

23. grande 커다란, 위대한

24. imposible 불가능한

III. 다음의 구나 문장들을 읽어보시오.

1. en el quiosco
2. al campo de fútbol
3. los papeles rojos y amarillos
4. los colores tan bonitos
5. para hacer mis deberes
6. Mi hermano tiene una cartera estupenda.
7. Es el ordenador nuevo.
8. Aquello es un mapa.
9. Los niños escriben en el cuaderno.
10. La chica dibuja mal con el lápiz y la regla.

Lección 1 ¡Hola!

Profesor :	¡Hola, buenos días!
Alumnos :	¡Buenos días!
Profesor :	Me llamo Juan García. Soy profesor de español. ¿Cómo os llamáis?
Petra :	Soy Petra. El es Hans y ella es Susana.
Profesor :	¿Qué sois?
Petra :	Soy enfermera y estudiante de español.
Hans :	Soy piloto y también estudiante de español.
Susana :	Soy secretaria y también estudio español. Todos nosotros somos estudiantes de español.
Profesor :	Bueno, mucho gusto. Vamos a empezar la clase.

PREGUNTAS

1. ¿Es Petra profesora?
2. ¿Es Juan García profesor?
3. ¿Quién es usted?
4. ¿Qué es Hans?
5. ¿Qué sois vosotros?

Lección 1

번역

안녕!

선생님 : 안녕, 좋은 아침입니다!

학생들 : 안녕하세요!

선생님 : 내 이름은 후안 가르시아입니다.
나는 스페인어 선생님입니다. 여러분들의 이름은 무엇입니까?

뻬뜨라 : 전 뻬뜨라입니다. 남자는 한스이고 여자는 수사나입니다.

선생님 : 당신의 직업은 무엇입니까?

뻬뜨라 : 전 간호사이고 스페인어를 배우는 학생입니다.

한스 : 전 파일럿이고 역시 스페인어를 배우는 학생입니다.

수사나 : 전 비서이고 역시 스페인어를 배우는 학생입니다.
저희 모두는 스페인어를 배우는 학생입니다.

선생님 : 그렇군요, 반갑습니다.
수업을 시작하겠습니다.

Contenidos gramaticales

1 관사

관사에는 영어와 같이 정관사, 부정관사가 있다. 명사의 성과 수에 따라 남성형, 여성형, 단수형, 복수형으로 나누어진다. 명사의 성별은 자연의 성별에 따르지만 어미의 형에 따라서 구분할 수 있다. 보통 -o로 끝나는 명사는 남성에 해당하며, -a, -ión, -d, -umbre 등으로 끝나면 여성에 해당된다. 명사를 단수에서 복수형으로 만들 때는 일반적으로 -s 또는 -es를 붙여 만들고 z로 끝나는 명사는 z를 c로 바꾸고 -es를 붙인다.

*예외 : el día, el mapa, el idioma, el sofá, la mano, la radio, la foto 등.

1. 정관사

	남성	여성
단수	el	la
복수	los	las

	남성	여성
단수	el libro 책	la mesa 식탁
복수	los libros 책들	las mesas 식탁들

* 남성 정관사 〈el〉이 전치사 〈a〉와 〈de〉 다음에 올 때는 〈al〉과 〈del〉로 표시된다.

a + el → al
de + el → del

a + el → al : Voy al teatro. 나는 극장으로 간다.

de + el → del : Esto es la carta del padre. 이것은 아버지의 편지이다.

* 정관사에는 남성과 여성 외에도 중성형인 lo가 있다. 중성정관사 lo는 형용사와 합쳐져 추상명사가 된다.

lo barato(싸구려), lo hermoso(아름다움), lo bueno(좋은 것), lo malo(나쁜 것)

	남성	여성
단수	un	una
복수	unos	unas

2. 부정관사

	남성	여성
단수	un cuadro 그림	una flor 꽃
복수	unos cuadros 그림들	unas flores 꽃들

2 주격 인칭대명사

스페인어 문장에서 동사는 주어의 인칭에 따라 변화하기 때문에 굳이 주격 인칭대명사를 쓸 필요는 없다. 그러나 주어를 강조할 때와 3인칭에서 주어 구분이 불분명할 때에는 주격 인칭대명사를 쓰기도 한다.

		Nosotros	우리들 (남, 남+여)
Yo	나 (남,여)	Nosotras	우리들 (여)
Tú	너 (남,여)	Vosotros	너희들 (남, 남+여)
Él	그	Vosotras	너희들 (여)
Ella	그녀	Ellos	그들
Usted	당신 (남,여)	Ellas	그녀들 (여)
		Ustedes	당신들 (남,여)

3 의문문(¿---?)

의문문에는 의문부호(¿---?)를 문장 앞뒤에 사용한다.

일반적으로 의문문은 의문사의 존재여부를 떠나 긍정문에서의 주어 + 동사의 위치가 동사 + 주어의 순서로 바뀐다.

주어 + 동사 + 목적어 / 보어 → (의문사) + 동사 + 주어 + 목적어 / 보어

Rosa es profesora. 로사는 선생님이다.

→ ¿Es Rosa profesora?

Estudiamos español. 우리들은 스페인어를 공부한다.

→ ¿Estudiamos (nosotros) español?

전치사 + 의문사

의문문에서 의문사 앞에 전치사를 놓는다.

¿Con qué come usted? 당신은 무엇을 가지고 식사합니까?

→ Como con la cuchara. 나는 수저로 식사합니다.

¿Para quién trabaja? 당신은 누구를 위해 일합니까?

→ Trabajo para mi familia. 나는 내 가족을 위해 일합니다.

¿Por qué no habla usted? 왜 당신은 말하지 않습니까?

→ No hablo porque estoy cansado. 나는 피곤하기 때문에 말하지 않습니다.

4 부정문

부정문은 동사 앞에 no를 사용한다.

Mi amigo no es chino. 내 친구는 중국인이 아닙니다.

Usted no comprende el español. 당신은 스페인어를 이해하지 못합니다.

5 소개(Presentación) 동사

1. Llamarse 동사(~라고 부른다)

Yo(나)	me llamo	Nosotros/as(우리들)	nos llamamos
Tú (너)	te llamas	Vosotros/as(너희들)	os llamáis
Él / Ella / Usted (그 / 그녀 / 당신)	se llama	Ellos / Ellas / Ustedes (그들 / 그녀들 / 당신들)	se llaman

Yo me llamo Rosita. 나는 로시따라고 부릅니다.

El se llama Carlos. 그는 까를로스라고 부릅니다.

2. Ser 동사 (~이다)

Yo	soy	Nosotros/as	somos
Tú	eres	Vosotros/as	sois
Él / Ella / Usted(Ud.)	es	Ellos / Ellas / Ustedes(Uds.)	son

(Yo) soy holandés. 나는 네덜란드 사람입니다.

(Ellas) son francesas. 그녀들은 프랑스인들입니다.

Práctica

I. A : Hola, me llamo + nombre(이름) 안녕, 나의 이름은 ______입니다.

¿Y tú? (,¿cómo te llamas?) 그리고 너는? (너의 이름은 무엇입니까?)

B : (Me llamo) + nombre 나는 ______라고 부릅니다.

Soy + nombre 나의 이름은 ______입니다.

> A : Hola, me llamo Isabel. ¿Y tú? (¿cómo te llamas?)
>
> B : Me llamo Julio. / Soy Julio.

II. A : ¿Cómo se llama? 그 사람 이름은 무엇입니까?

B : Se llama + nombre ______라고 부릅니다.

Es + nombre. 그 사람은 ______입니다.

> A : ¿Cómo se llama?
>
> B : Se llama Teresa. / Es Teresa.

Contentidos culturales

문화 엿보기

■ 스페인계 이름

Los nombres y apellidos en España (스페인 성과 이름)

Mundo hispano : Nombre + apellido del padre + apellido de la madre
(스페인어권) : (고유의 이름 + 아버지성 + 어머니성)

스페인어권 나라에서는 이름을 만들 때는 '고유의 이름 + 아버지 성 + 어머니 성'의 순서를 따르는 것이 관례이다. 두 개의 성을 갖는 문화의 특성 때문에 스페인계 사람들의 이름은 유독 길게 느껴진다. 따라서 스페인 주민등록증(Documento Nacional de Identidad)에는 첫 번째 성(Apellido 1), 두 번째 성(Apellido 2), 이름(Nombre)을 쓰는 칸으로 나누어져 있다. 예를 들자면, 아버지 Julian Fernández Martínez, 어머니 María Cabrera Verdugo 사이에 태어난 딸 Ana는 아버지로부터 Fernández와 어머니로부터 Cabrera를 차례로 가져와 두 개의 성을 갖게 된다. 결국 이름이 Ana Fernández Cabrera가 되는 것이다. 대부분의 경우, 아버지의 성이 후대에 전해지고 기본적인 성으로 사용되지만, 어머니의 성을 상당 부분 인정해 주고 있다. 사람에 따라서 기본적인 성으로 아버지나 어머니의 성을 쉽게 선택하여 사용할 수 있다. 스페인 말라가 출신 파블로 피카소는 첫 번째 성이 Ruiz이지만 그가 주로 사용한 것은 두 번째 성인 Picasso이었다(Pablo Ruiz Picasso). 스페인 역대 총리 출신 José Luis Rodríguez Zapatero 역시 두 번째 성 Zapatero를 사용하였다. 아버지에게서 받은 Rodríguez 성이 비교적 흔하다 판단하여 두 번째 성을 선택한 것이다.

〈2014년에 사용 중인 스페인 전자 주민등록증〉

이미지출처: http://es.wikipedia.org/wiki/Archivo:Dnie.jpg

Ejercicios

I. 다음 명사의 성을 말하고 그에 해당하는 정관사를 쓰시오.

1. teléfono (전화)
2. mesa (식탁)
3. luz (빛)
4. hombre (남자)
5. mujer (여자)
6. mapa (지도)
7. señor (신사)
8. dinero (돈)
9. profesora (여자선생)
10. palacio (궁전)
11. chico (소년)
12. niña (여자아이)
13. globo (풍선)
14. parque (공원)
15. caramelo (캐러멜)
16. bicicleta (자전거)
17. silla (의자)
18. conversación (대화)
19. queso (치즈)
20. ordenador (컴퓨터)

II. 다음 명사들을 복수로 만드시오.

1. pluma (펜)
2. estudiante (학생)
3. día (날)
4. peluquero (미용사)
5. arquitecto (건축가)
6. español (스페인남자)
7. luz (빛)
8. hombre (남자)
9. colegio (학교)
10. pelota (공)
11. campo (야외, 벌판)
12. red (망)
13. piscina (수영장)
14. vaca (황소)
15. coche (자동차)
16. flor (꽃)

III. 다음 단어들에 해당하는 정관사와 부정관사를 쓰시오.

casa (집)	→ la casa	/	una casa

1. color (색깔) → /
2. muestra (견본) → /
3. nombre(이름) → /
4. pared (벽) → /
5. foto (사진) → /
6. balones (공들) → /
7. pan (빵) → /
8. abuelas (할머니들) → /
9. ciego (장님) → /
10. libro (책) → /
11. colegio (학교) → /
12. hoja (종이) → /
13. cerezas (앵두들) → /
14. amigas (여자친구들) → /
15. zapato (신발) → /
16. alumno (학생) → /

IV. 주어에 따라 ser 동사의 변화형을 쓰시오.

1. (Nosotros) ________ alumnos
2. (El) ________ arquitecto.
3. (Vosotros) ________ peluqueros.
4. Carmen ________ enfermera.

5. (Ellas) _______ secretarias.
6. (Yo) _______ profesora.
7. (Tú) _______ médico.
8. (Ustedes) _______ estudiantes.

V. 다음 문장을 부정문으로 만드시오.

Ella es secretaria. 그녀는 비서이다. → Ella no es secretaria

1. Carlos es policía. 까를로스는 경찰이다. →
2. (Yo) soy peluquera. 나는 미용사이다. →
3. Miguel es profesor. 미겔은 선생님이다. →
4. (Vosotros) sois mecánicos. 너희들은 수선공이다. →
5. (Tú) eres niño. 너는 어린아이이다. →

VI. 다음 문장을 의문문으로 만드시오.

Julio es arquitecto. 훌리오는 건축가이다. → ¿Es Julio arquitecto?

1. Carmen es camarera. 까르멘은 종업원이다. →
2. Antonio es estudiante. 안또니오는 학생이다. →
3. Tú eres pianista. 너는 피아노연주자이다. →
4. Vosotros sois alumnos. 너희들은 학생이다. →
5. Ellos son enfermeros. 그들은 간호사이다. →

VII. 다음 문장을 긍정 또는 부정으로 답하시오.

¿Eres estudiante? 너는 학생이니?

→ Sí, (yo) soy estudiante.

No, (yo) no soy estudiante.

1. ¿Es usted abogado? / Sí 당신은 변호사입니까?

 →

2. ¿Son ellos arquitectos? / No 그들은 건축가들입니까?

 →

3. ¿Eres piloto? / Sí 너는 파일럿이니?

 →

4. ¿Es María azafata? / No 마리아는 승무원입니까?

 →

5. ¿Sois ingenieros? / Sí 너희들은 기술자들입니까?

 →

6. ¿Somos extranjeros? / No 우리는 외국인들입니까?

 →

똘레도 (Toledo)

"스페인에 머무르는 시간이 하루밖에 없다면 반드시 똘레도(Toledo)를 보아야 한다"는 말이 있을 정도로, 똘레도는 스페인의 정신적 지주이자 심장에 해당하는 역사의 고도(古都)이다. 마드리드에서 남서쪽으로 약 80km 떨어진 똘레도는 중세의 분위기와 유적이 고스란히 남아 있어 역사 그 자체의 마을이라고 할 수 있다. 6세기경 서고트족이 왕궁을 건설한 이래 1560년까지 약 10세기 동안 정치, 문화, 산업의 중심지이었다. 도시전체가 타호강으로 둘러싸인 바위산에 들어선 천연의 요새인 똘레도는 이슬람교, 기독교, 유대교 문화가 혼재되어 있다.

1561년 펠리뻬 2세가 궁정을 마드리드로 옮기면서 고도 똘레도는 이제껏 없었던 잠깐의 침체기를 겪게 되었고, 현재 인구 10만이 채 미치지 못하지만 전통의 무게를 느끼게 해주는 옛 역사의 숨결이 고스란히 남아 있어 이 도시에 들어서면 마치 시계가 거꾸로 돌듯 중세시대로 들어온 듯한 착각을 불러일으킨다.

그리스의 그레타 태생인 화가 엘 그레꼬(El Greco)가 펠리뻬 2세의 궁중화가가 되었다가 쫓겨난 이후 이곳에서 그림을 그리며 여생을 보냈다. 1987년 12월 Unesco는 도시전체를 세계문화유산으로 지정하였다.

Lección 2 ¿De dónde eres?

Hans : ¡Hola! Encantado de conoceros, compañeros de clase. Me llamo Hans. Yo soy alemán, y no alemana. De dónde sois?

Andrew : ¡Qué hay!
Yo soy americana, de Washington.

Hans : ¡Oh, no! Eres americano, no americana.

Andrew : ¡Uh, qué difícil hablar español!

Susana : Pero, es muy fácil. Mira, soy inglesa, de Lóndres.
Lucía, ¿de dónde eres?

Lucía : Hola, ¿qué tal? Soy italiana, de Roma.
¿Y tú, Jean?

Jean : Soy de Francia. Vivo cerca de París.
Hana, ¿De dónde eres?

Hana : Yo soy de Corea, coreana, no coreano.
Estudio inglés y español para hablar con mis amigos.

Hans : ¿Qué os parece tomar algo en el bar de la Escuela?
Allí, podemos conversar más.

PREGUNTAS

1. ¿De dónde es Andrew?
2. ¿De dónde es Jean?
3. ¿Es Susana inglesa?
4. ¿Es Hans alemán?
5. ¿De dónde es usted?
6. ¿De dónde es Lucía?

Lección 2 번역

너는 어디 출신이니?

한스: 안녕! 반 친구들, 너희들을 알게 되어서 반갑다.
나는 한스라고 불러. 나는 독일 남자이고 독일 여자는 아니야.
너희들은 어디 출신이니?

안드류: 안녕!
나는 아메리카 여자야, 워싱턴 출신이지.

한스: 오, 아니지! 너는 아메리카 남자이지, 아메리카 여자는 아니야.

안드류: 우, 스페인어 말하기가 참 어렵구나!

수사나: 그런데, 아주 쉬워. 봐, 나는 영국 여자이며, 런던 출신이야.
루시아, 너는 어디 출신이니?

루시아: 안녕? 난 이탈리아 여자이고, 로마출신이야.
그리고 넌, 장?

장: 나는 프랑스 출신이야. 파리에서 가깝게 살아.
하나, 너는 어디 출신이니?

하나: 난 한국 출신이며, 한국 여자이지, 한국 남자는 아니야. 난 내 친구들과 말하기 위해 영어와 스페인어를 공부해.

한스: 너희들 학교 바에서 무언가를 마시는 것이 어떨까? 거기에서 우리는 대화를 더 나눌 수 있어.

Contenidos gramaticales

1 형용사와 명사와의 일치

명사를 수식하는 품질형용사는 일반적으로 명사의 뒤에 위치하며, 명사의 성과 수에 일치한다. 단 지시, 소유, 수 등을 나타내는 한정형용사는 명사 앞에 위치한다.

(단수형)		(복수형)
una perra grande (한 마리의 큰 암캐)	→	unas perras grandes
un libro antiguo (한 권의 오래된 책)	→	unos libros antiguos
la casa blanca (흰 색의 집)	→	las casas blancas
el soldado español (스페인 군인)	→	los soldados españoles

este coche (이 자동차), mi mesa (나의 식탁), dos amigos (두 친구들)

2 국명과 형용사

Italia	italiano/a	Japón	japonés/a
España	español/a	México	mexicano/a
Sudamérica	sudamericano/a	China	chino/a
Cuba	cubano/a	Chile	chileno/a
Portugal	portugués/a	Europa	europeo/a
Brasil	brasileño/a	Corea	coreano/a
Suiza	suizo/a	Alemania	alemán/a
Inglaterra	inglés/a	Estados Unidos	estadounidense
Francia	francés/a	Suecia	sueco/a
Rusia	ruso/a	Holanda	holandés/a
Marruecos	marroquí	Colombia	colombiano/a

*스페인과 같이 로망스계 언어를 사용하는 국가로는 Francia, Portugal, Italia, Rumania가 있다.

3 Ser 동사의 용법(1)

영어의 Be동사에 해당하는 Ser 동사는 문장을 만들 때는 주어의 인칭(yo, tú, él/ella/usted, nosotros/as, vosotros/as, ellos/ellas/ustedes)에 따라 6가지 동사변화가 생긴다. 따라서 동사를 보면 주어를 알 수 있기에 일반적으로 주어는 생략한다. 주어와 주격보어는 성과 수를 일치시킨다.

1. Ser 동사는 주어의 직업, 국적, 종교, 성격 등 변함없는 본질을 표현한다.

Isabel es profesora. (직업) 이사벨은 선생님이다.

Carlos es cubano. (국적) 까를로스는 쿠바사람이다.

Sr. Wang es budista. (종교) 왕씨는 불교신도이다.

Mi vecino es muy amable. (성격) 나의 이웃은 매우 친절하다.

La catedral es de piedra. (재료) 성당은 돌로 만들었다.

2. Ser de + 장소 : 주어의 출신지를 나타낸다.

¿De dónde es usted?

Soy de Sudamérica. 나는 남미 출신이다. → Soy sudamericano.

¿De dónde sois?

Somos de España. 우리는 스페인에서 왔다. → Somos españoles.

4 인사 (만날 때와 작별할 때)

Saludos (만날 때)	Despedidas (작별할 때)
¡Hola!*	¡Adiós!***
¿Qué tal?*	Buenos días
¿Cómo te va?*	Buenas tardes
Buenos días (오전 인사)	Buenas noches
Buenas tardes (오후 인사)	Hasta luego***
Buenas noches (밤 인사)	Hasta pronto
¿Qué es de tu vida?*	Hasta mañana (내일까지)***
¿Qué haces?	Hasta la vista (볼 때까지)
¿Cómo estás / está?**	Hasta el lunes (월요일까지)
¿Cómo te encuentras / se encuentra?**	Hasta otro día (다른 날까지)

* 표시는 누구에게나 친근함을 표시하는 인사이다. 이런 표현은 상대방의 답변을 기대하지 않고 건네는 인사이다.

** 상대방의 건강, 기분 등의 상태를 알고자 할 때 사용한다.

*** 막연한 작별인사를 나타낸다.

Práctica

I. A : Hola, Miguel, ¿qué tal? 안녕, 미겔.

B : Bien, ¿y tú? 잘 지내고 있어, 너는?

A : Bien, gracias. 잘 지내고 있어, 고마워.

Mira, te presento a Hana 이봐, 너에게 하나를 소개할게.

B : Hola, ¿qué tal? 안녕?

C : Hola. 안녕?

II. A : Hola, buenos días. 안녕하십니까?
B : Hola, ¿cómo están? 안녕하십니까?
A : Le presento a Julio.
당신에게 훌리오를 소개하겠습니다.
C : Encantado. 반갑습니다.
B : Igualmente. 반갑습니다.

III. A : Buenos días, Carlos, ¿cómo estás? 안녕, 까를로스, 잘 있니?
B : Buenos días. 안녕?
Muy bien, gracias. 난 잘 있어, 고마워.
A : Te presento a Antonio Fernández, nuestro amigo.
너에게 우리들의 친구 안또니오 페르난데스를 소개할게.
B : Encantado. 반갑습니다.
C : Igualmente. 반갑습니다.

5 숫자 (0~10)

0 cero
1 uno
2 dos
3 tres
4 cuatro
5 cinco
6 seis
7 siete
8 ocho
9 nueve
10 diez

*uno의 경우 남성명사 앞에서는 어미가 탈락된다.

un año   un hombre   una mujer   una persona

Contentidos culturales

문화 엿보기

■ 스페인 경칭어

남자 (Hombre)	Don (D.)	Señor (Sr.)	Señorito (Srto.)
여자 (Mujer)	Doña (Dña.)	Señora (Sra.)	Señorita (Srta.)

스페인어는 영어와 같이 사람의 사회적인 위치나 직업, 나이 등에 따라 이름이나 성 앞에 경칭호를 표시한다. Don(남성)과 Doña(여성)은 오래전에는 높은 사회계층의 사람들을 가리켜 사용되었지만, 오늘날에는 나이가 많거나 사회적 명성을 지닌 직책의 사람들을 가리켜 사용한다. 의사, 변호사, 장관, 상관 등이 이 존칭에 포함된다. Señor, Señora, Señorita 존칭은 성 또는 직책 앞에 표기하는 예의상 용어이다. 예를 들자면, Señor Martínez(성) / Señor Abogado(변호사). 일반적으로 사람 이름에는 관사 없이 Señor 또는 Señora로 표기하여 Señor Luis(Sr. Luis), Señora López(Sra. López)라고 부를 수 있다. 때로는 Señor이 Don 앞에 놓여 최대한의 예의를 나타낼 수 있다. El Señor Don Luis Martínez. 여성인 경우 Señora는 남편의 성 앞에 부인임을 나타내기 위해 전치사 de를 수반하여 사용한다. Señora de Pérez(Sra. de Pérez). 여성이 미혼일 경우는 아가씨란 용어인 Señorita(srta.)를 사용한다. 반면 남자에게 사용하는 Señorito는 부정적인 의미로 사용되어 금전적으로 여유있는 부잣집 아들이나 젊은이를 나타낸다.

Ejercicios

I. 명사와 형용사를 성과 수에 일치시키시오.

la médica (alto) 키 큰 여의사 → la médica alta

1. unos chicos (inteligente) 영리한 소년들 →
2. unas ciudades (famoso) 유명한 도시들 →
3. los estudiantes (nuevo) 신입생들 →
4. unas sillas (bajo) 낮은 의자들 →
5. los lápices (rojo) 빨간 연필들 →
6. unas señoritas (inglés) 영국 아가씨들 →
7. los hombres (grande) 큰 남자들 →
8. las flores (hermoso) 아름다운 꽃들 →
9. las mujeres (feliz) 행복한 여인들 →
10. unas noticias (alegre) 기쁜 소식들 →

II. 다음 국가들의 형용사형(남성 / 여성)을 쓰시오.

1. Portugal
2. Japón
3. Italia
4. Rusia
5. Argentina
6. Inglaterra
7. Francia
8. Suecia
9. Brasil
10. China

III. 다음 국민들의 국가명칭을 쓰시오.

1. Alemana
2. Colombiano
3. Cubana
4. Rumano
5. Holandés
6. Americana
7. Francés
8. Suizo
9. Mexicano
10. Chilena

IV. 예문과 같이 동일한 표현으로 바꾸시오.

(Yo) soy de Italia. 나는 이탈리아출신이다. → Soy italiano.

1. Ustedes son de Francia. 당신들은 프랑스 출신이다.

→

2. Tú no eres de América. 너는 아메리카 출신이 아니다.

→

3. Ana y Susana son de España. 아나와 수사나는 스페인 출신이다.

→

4. Mis amigas son de Brasil. 내 친구들은 브라질 출신이다.

→

5. Miguel y John son de Europa. 미겔과 존은 유럽 출신이다.

→

6. La profesora es de Alemania. 여자선생은 독일 출신이다.

→

7. Ricardo es de Cuba. 리까르도는 쿠바 출신이다.

→

8. Sois de México. 너희들은 멕시코 출신이다.

→

9. Danaka es de Japón. 다나카는 일본 출신이다.

→

10. Ellas son de Holanda. 그녀들은 네덜란드 출신이다.

→

V. 예문과 같이 문장을 만드시오.

Raymond es de Florida. 레이몬드는 플로리다출신이다.
→ Es americano.

1. Rose es de Lóndres. 로즈는 런던 출신이다.

→

2. Paco es de Madrid. 빠꼬는 마드리드 출신이다.

→

3. María y Luisa son de Lisboa. 마리아와 루이사는 리스본 출신이다.

→

4. Juan y Antonio son de la Habana. 후안과 안또니오는 아바나 출신이다.

→

5. Ellas son de Amsterdam. 그녀들은 암스테르담 출신이다.

→

6. Pedro es de Múnich. 뻬드로는 뮌헨 출신이다.

→

7. Ellos son de Tokio. 그들은 도쿄 출신이다.

→

8. Katrin y Miguel son de Moscú. 카트린과 미겔은 모스코바 출신이다.

→

9. Ellos son de Pekín. 그들은 베이징 출신이다.

→

10. Jean es de París. 장은 파리 출신이다.

→

VI. 다음 문장들을 복수형으로 바꾸시오.

1. El coche es rápido. 자동차는 빠르다.

→

2. El bar es grande. 바는 크다.

→

3. La cafetería es barata. 커피숍은 싸다.

→

4. El hotel es caro. 호텔은 비싸다.

→

5. La ciudad es pequeña. 도시는 작다.

→

6. El cigarro es malo. 담배는 나쁘다.

→

7. La habitación es agradable. 방은 아담하다.

→

8. El profesor es simpático. 선생님은 친절하다.

→

9. El barco es lento. 배는 느리다.

→

10. El hombre es alto. 남자는 키가 크다.

→

VII. 다음 문장들을 주어진 단어를 이용하여 스페인어로 작문하시오.

1. 너는 어디 출신이니? (De dónde, ser)

2. 나는 프랑스인이다. (francés)

3. 바는 싸다. (bar, barato)

4. 남자들은 한국 출신이다. (hombres, ser de)

5. 반갑습니다. (encantar)

스페인 측에서 바라본 스페인과 지브롤터 사이 국경의 세관통관지역

이미지 출처: http://es.wikipedia.org/wiki/Archivo:Gibraltar_Border.jpg

지브롤터 (Gibraltar)

우리나라 한 조그마한 지역구의 크기(면적 6.5㎢)에 인구 3만 명, GDP 2만 8천$에 도달하고 있는 지브롤터 원래의 명칭은 711년 이슬람교도인 타리크가 무어인을 이끌고 지브롤터를 점령하여 "타리크의 산"이란 의미를 갖고 있었다. 현지에서는 지브롤터 바위가 주요한 지형지물이라 '돌덩어리(**Peñón, Peña**)'라고 부른다. 쓸모없는 석회암으로 이루어진 암벽은 경작지 확보를 위해 해면을 간척하여 평지를 확대하였다. 그와 동시에 운하를 만들고 바위산을 뚫어 터널 수를 늘리고, 특히 제2차 세계대전 동안에는 지브롤터 산비탈을 닦아 군용 비행장을 건설하였다. 스페인 영토 안에 존재하는 영국의 군사기지인 지브롤터는 지리적 입지조건으로 인해 영국정부로부터 최대한의 자치권을 얻고 면세구역으로 지정되었다. 주요 산업으로 관광업, 경공업, 재수출무역 등으로 높은 수익을 올리고 있다.

1704년 영국은 스페인 계승전쟁에 참여하여 지브롤터를 얻어냈다. 그러나 그 이후 지브롤터는 여러 차례에 걸쳐 국제분쟁의 대상이 되었다. 제2차 세계대전 중에는 미국의 아프리카 작전기지가 되어 독일 공군의 폭격을 받았다. 1964년부터 스페인은 지브롤터에 대한 영토 반환을 지속적으로 요구하고 있으며, 1969년에는 경제봉쇄를 단행하기도 하였다. 한때 스페인 사람들은 이베리아 반도 안에 영국령 자치 구역이 있다는 자체에 수치심을 느껴 지브롤터에 대한 언급을 자제하였다. 그러나 오늘날 세계가 탈식민지화가 당연시 되고 있는 이 시점에서 지브롤터는 이제 스페인 국민들의 입에서 자주 거론되고 공론화된 논쟁거리가 되고 있다.

Lección 3 ¡Qué buenos están los melones!

Alicia, argentina, va al mercado de San José en Madrid. En el mercado se venden muchos productos.

Vendedor : Buenas tardes. ¿Quiere usted algo?

Alicia : Bueno, quiero comprar unas frutas.

Vendedor : Hay muchas frutas.
Estas son naranjas, esas son fresas y aquellas son cerezas. ¿Quiere probar esto, por favor?

Alicia : ¡Humm! ¡Qué dulce y qué bueno!
¿Por casualidad hay uvas?

Vendedor : Eso no. De momento no me queda nada de uvas.
¿Quiere probar eso?

Alicia : ¡Uy! Es muy amargo.

Vendedor : Y aquello.

Alicia : ¡Qué picante!

Vendedor : Y ahora este, para tener buen sabor de boca.

Alicia : ¡Uy! Es muy sabroso.
¿Es de España?

Vendedor : No, no es de aquí.

Estos melones son de África, de importación.

Alicia : Bueno, llevo este para el postre de hoy.

¿Y cuánto cuesta?

Vendedor : 5 euros por uno.

Alicia : Pues, póngame tres melones.

Vendedor : Muy bien. ¿Algo más?

Alicia : No, creo que no. Eso es todo. Gracias.

Vendedor : Gracias a usted.

En total son 15 euros.

PREGUNTAS

1. ¿Qué es aquello?
2. ¿Son buenas las verduras?
3. ¿Son caras las frutas?
4. ¿Qué precio tiene esa fruta?
5. ¿Cuánto cuesta una lechuga?
6. ¿Desea algo más?

Lección 3 번역

멜론들이 꽤 좋네요!

아르헨티나 여자인 알리시아는 마드리드에 있는 산 호세 시장으로 간다. 시장에는 많은 물건들을 판다.

상인: 안녕하세요? 무엇을 원합니까?

알리시아: 네, 과일 사기를 원합니다.

상인: 많은 과일들이 있습니다.
이것들은 오렌지이고, 그것들은 딸기이고, 그리고 저것들은 앵두입니다.
이것을 맛보시겠습니까?

알리시아: 달콤하고 맛이 좋네요! 혹시 포도는 있나요?

상인: 그것은 없네요. 지금 포도가 하나도 남아있지 않습니다.
그것을 맛보시겠습니까?

알리시아: 우이! 매우 쓰네요.

상인: 그리고 저것.

알리시아: 꽤 맵네요!

상인: 그리고 이제는 이것, 입안에 좋은 맛이 남도록.

알리시아: 우이! 아주 맛이 있어요.
스페인산인가요?

상인: 아니죠, 이곳에서 생산한 것이 아닙니다.
이 멜론들은 아프리카에서 수입한 것입니다.

알리시아: 좋아요, 오늘 디저트를 위해 이것을 갖고 가겠습니다.
얼마입니까?

상인: 한 개당 5유로입니다.

알리시아: 그렇다면, 3개 주세요.

상인: 네, 알겠습니다. 다른 것은요?

알리시아: 아닙니다. 그것이 전부입니다. 감사합니다.

상인: 감사합니다.
모두 15유로입니다.

Contenidos gramaticales

1 감탄문(¡---!)

감탄문은 특별한 감정을 표현하는 것이다. 감탄문에서는 감탄 부호(¡---!)를 문장 앞 뒤에 사용한다. 감탄문을 만들 때는 일반적으로 의문대명사인 Qué 또는 Cuánto(a/os/as)를 문장 앞에 놓는다.

Qué + 형용사(또는명사)	¡Qué cansado! 꽤 피곤하네! ¡Qué hombre! 대단한 남자군!
Qué + 명사 + tan + 형용사	¡Qué chico tan alto! 그토록 키가 큰 소년이군!
Cuánto(a/os/as) + 명사(수량이 많을 때)	¡Cuántas chicas! 여자아이들이 꽤 많네!

¡Qué joven! 꽤 젊네!/ 그런 젊은이군!

¡Qué joven es! 꽤 젊네!/ 그런 젊은이군!

¡Qué joven tan guapo! 그토록 잘생긴 젊은이군!

¡Qué caliente está la sopa! 스프가 꽤 뜨겁군!

¡Qué árbol tan precioso! 참 멋진 나무네!

¡Qué cuadros tan caros! 그토록 비싼 그림이군!

¡Qué aburrido estoy! 난 너무 지겨워!

¡Cuántas flores! 꽃이 많군!

¡Cuánta gente! 사람들이 많군!

¡Cuánto dinero! 돈이 많군!

2 지시어(지시대명사)

우리말의 '이것', '그것', '저것' 등을 나타내는 지시어에는 형용사기능을 하는 지시어와 대명사의 기능을 하는 지시어가 있다. 지시어가 '이 책(este libro)'과 같이 명사와 더불어 사용할 때에는 지시형용사로 부르고, '이것(este)'처럼 독립적으로 사용할 때에는 지시대명사라고 말한다. 또한 이 두 품사는 외형상으로는 동일하게 일치한다. 즉, 단어의 성과 수에 따라 밑의 표와 같이 변화한다. 그러나 지시대명사에서 실체가 불분명한 것을 표시할 때에는 중성형으로 나타낼 수 있다. 참고로 2010년 이전에는 지시대명사에 악센트를 표시함으로써 두 품사를 구분하였으나 그 이후로는 스페인 한림원의 새로운 철자법에 따라 악센트표시를 하지 않아도 된다.

	남성		여성		중성
	단수	복수	단수	복수	
이것	**este**	**estos**	**esta**	**estas**	**esto**
그것	**ese**	**esos**	**esa**	**esas**	**eso**
저것	**aquel**	**aquellos**	**aquella**	**aquellas**	**aquello**

Esta es una mujer. 이 자는 한 여자이다.

Ese es mi coche. 그것은 내 자동차이다.

Aquellos son estudiantes. 저들은 학생들이다.

¿Quién es aquel? 저 자는 누구이지?

Aquella es tu novia. 저 자는 너의 애인이다.

¿De dónde es ese? 그 자는 어디 출신입니까?

Práctica

I. A : ¿Qué es esto? 이것은 무엇이지?
Es muy bonito. 아주 예쁘다.
B : Es un mercado. 시장이다.

II. A :Y eso, ¿qué es? ¡Qué feo! 그리고 그것, 그것은 무엇이지? 너무 징그러워!
B : Es un pulpo. 문어이다.

III. A :....y aquello, ¿qué es? 그리고 저것은, 무엇일까?
B : Es una pastelería. 생과자점이다.

* 이것이 가리키는 의미는 장소의 부사인 'aquí(여기)'와 직접적인 연관이 있고, 그것이 가리키는 의미는 'ahí(거기)', 저것이 가리키는 의미는 'allí(저기)'와 관련이 있다.

3 장소를 나타내는 부사

aquí (여기)	화자로부터 가까운 장소를 나타냄
ahí (거기)	화자로부터 약간 떨어진 장소를 나타냄
allí (저기)	화자로부터 먼 장소를 나타냄
allá (저 멀리)	화자로부터 매우 멀거나 정확하지 않은 장소를 나타냄

Aquí Juan, es mi amigo. 여기는 후안이며, 내 친구이다.
Ahí Teresa, es mi hermana. 거기는 떼레사이며, 내 동생이다.
Allí es la casa de mis padres. 저기는 내 부모님의 집이다.
Vivo allá lejos. 나는 저기 멀리 산다

4 Ser동사의 용법(2)

Ser 동사는 문장을 만들 때는 주어의 성·수에 따라 주격보어를 일치시켜야 된다.

¿Cómo es	un reloj? una naranja?

Es	redondo redonda

¿Cómo son	tus pantalones? tus camisas?

Son	nuevos nuevas

Me llamo Carmen, soy española, de Andalucía.
내 이름은 까르멘이라고 불리며, 나는 안달루시아 출신인 스페인 여자이다.

El verbo 'ser' es fácil de pronunciar. Ser동사는 발음하기 쉽다.

Samy y yo somos italianos. 사미와 나는 이탈리아인입니다.

5 Hay 무인칭동사(~있다)

Hay + 부정관사(un / una / unos / unas) + 명사 : Hay unos teatros. 몇 개의 극장들이 있다.

Hay + 숫자 + 명사 : Hay tres teatros. 극장 3개가 있다.

Hay + 명사의 복수형 : Hay teatros. 극장들이 있다.

흔히 영어에서 there is / there are에 해당하는 표현으로서 hay 다음에 〈부정관사 + 명사〉를 사용하거나 또는 정관사를 동반하지 않는 명사가 주어가 되어 존재여부를 보여준다. Hay는 haber동사의 3인칭 단수형이지만, 주어에 해당하는 명사의 성이나 수에 상관없이 사용한다하여 '무인칭동사'라고 부른다. 그러나, 주어가 구체적이며 분명할 때에는 estar(~가 있다)동사를 사용한다. 즉, Hay와 Estar동사 사용에 있어서 대체로 특정한 사람이나 사물이 대상이 되면 estar동사를 사용하고, 비특정한 것의 존재를 나타낼 때는 hay를 사용한다. 따라서, hay 다음에는 정관사가 올 수 없으나 부정관사는 올 수 있다.

Hay fiesta. 파티가 있다.

Hay mesas. 식탁들이 있다.

Hay un museo. 박물관 하나가 있다.

Hay una escuela. 학교 하나가 있다.

Hay tres chicos. 3명의 소년들이 있다.

Hay mucha gente. 많은 사람이 있다.

Hay muchos turistas. 많은 관광객들이 있다.

6 숫자(11~20)

11	once	12	doce	13	trece
14	catorce	15	quince	16	dieciséis
17	diecisiete	18	dieciocho	19	diecinueve
20	veinte				

Contentidos culturales

문화 엿보기

■ 투우(Corrida de Toros)

스페인 하면 제일 먼저 떠오르는 것이 투우와 플라멩코이다. 정열적인 스페인 사람들의 기질이 그대로 담긴 투우와 플라멩코만큼 스페인을 잘 대변하는 것도 없다. 투우는 그 원시적인 잔혹성에 비판을 받기도 하지만 죽음의 의식을 예술로 승화시키는 묘한 매력 때문에 그 인기는 더해만 가고 있다. 투우의 유래는 무어인들이 스페인에 전한 것이라 알려져 있다. 스페인 역사에 본격적으로 기록된 건 14세기, 인기 축제로 자리 잡은 건 16세기~17세기경 귀족의 오락거리로 행해지다가, 18세기부터 일반 군중에게 대중화 되었다. 투우 경기는 매년 봄 부활제의 일요일부터 11월까지 일요일마다 마드리드, 세비야 등 대도시에서 개최된다. 엄격한 규칙에 따라 행해지는 투우는 그 날의 주인공인 마따도르(Matador)이라 일컫는 투우사 한 명과 작살을 꽂는 반데리예로(Banderillero) 두 명, 말을 타고 창으로 소를 찌르는 삐까도르(Picador)가 두 명, 뻬네오(Peneo)라는 조수 여러 사람이 한 조가 되어 행해진다. 투우는 투우사를 소개하는 장내 행진으로부터 시작된다. 모두가 중세기풍의 금 · 은으로 장식된 화사한 복장을 걸치고 엄숙하고 화려한 연출과 함께 투우 특유의 분위기를 엮어낸다. 마따도르는 교묘하게 몸을 비틀며 거의 움직이지 않은 상태에서 물레따(막대기에 감은 소형의 붉은 천)로 소를 유인하고 소를 더욱 지치게 만든다. 그리고 장내의 흥분이 최고조에 이를 무렵 마따도르는 정면에서 돌진해 오는 소의 목에서 심장을 향해 단번에 칼을 꽂는다. 현재 투우 경기는 동물보호단체의 반대로 바르셀로나를 비롯한 까딸루냐 지방에서는 투우가 금지되었으며, 다른 지방에서도 점점 줄어들고 있는 추세다. 투우는 스페인 이외에 프랑스 남부 · 포르투갈 · 중남미 등에서도 오래전부터 행해져 왔으나 지역에 따라 투우의 전개방식이 다소 다르다. 포르투갈처럼 관객 앞에서 소를 죽이는 일을 금하고, 투우사의 안전을 위해 쇠뿔에 가죽으로 된 주머니를

씌우는 곳도 있는데, 이것은 마따도르가 소의 마지막 숨통을 끊는 장면을 동작만으로 그치게 하기 위해서이다. 투우사 자격은 스페인, 포르투갈, 멕시코 등에서 투우 학교의 일정한 교육을 받은 후 주어지지만, 투우 도중 큰 부상을 당하는 사례가 있기 때문에 위험한 직업으로 인식되고 있다.

Ejercicios

I. 다음 문장을 복수형으로 바꾸시오.

1. Esta es vieja. 이것은 낡았다. →
2. Ese es nuevo. 그것은 새 것이다. →
3. Aquella es la casa. 저것은 집이다. →
4. Aquel es de América. 저 자는 아메리카 출신이다. →
5. Este es caro. 이것은 비싸다. →
6. Esa es una mesa. 그것은 식탁이다. →

II. 다음 문장을 단수형으로 바꾸시오.

1. Las sillas son pesadas. 의자들은 무겁다.
   →
2. Los coreanos son inteligentes. 한국인들은 영리하다.
   →
3. Los turistas son ingleses. 관광객들은 영국인들이다.
   →
4. Las colombianas son felices. 콜롬비아 여자들은 행복하다.
   →
5. Los lápices son largos. 연필들은 길다.
   →

6. Las ciudades son bonitas. 도시들은 예쁘다.

→

7. Los hombres son muy trabajadores. 남자들은 매우 근면하다.

→

8. Los italianos son guapos. 이탈리아인들은 잘생겼다.

→

III. 다음 빈 칸에 Ser동사를 사용하여 문장을 만드시오.

1. Yo ________ japonesa, de Tokio.
2. Alex ________ arquitecto.
3. Nosotros ________ estudiantes de español.
4. ¿De dónde ________ ustedes?
5. Klaus y Daniel ________ alemanes.
6. Vosotras ________ informáticas.
7. Tú ________ profesora, ¿verdad?
8. Ella ________ simpática.

IV. 다음 괄호안의 단어를 문장에 알맞게 고치시오.

1. Las ventanas son (ancho). 창문들은 넓다.

→

2. Los hermanos de Carmen son muy (simpática). 까르멘의 형제들은 아주 친절하다.

→

3. Los zapatos son (azul). 신발들은 파랗다.

→

4. Las mesas son (redondo). 식탁들은 동그랗다.

→

5. La silla es (cómodos). 의자는 안락하다.

→

6. Los hoteles son (cara). 호텔들은 비싸다.

→

V. 다음 문장을 예문과 같이 지시대명사를 사용하여 쓰시오.

Aquí, la casa es antigua. 여기, 집은 오래되었다.	→	Esta es antigua. 이것은 오래되었다.

1. Allí, los estudiantes son altos. 저기, 학생들은 키가 크다.

→

2. Aquí, la naranja es pequeña. 여기, 오렌지는 작다.

→

3. Ahí, las maletas son grandes. 거기, 가방들은 크다.

→

4. Allí, el cuaderno es nuevo. 저기, 공책은 새 것이다.

→

5. Ahí, el avión es de Corea. 거기, 비행기는 한국산이다.

→

6. Aquí, la gente es amable. 여기, 사람들은 친절하다.

→

VI. 다음 문장을 예문과 같이 답하시오.

¿Qué hay sobre la mesa? (una foto) 식탁 위에 무엇이 있습니까?	→	Sobre la mesa hay una foto. 식탁 위에 사진 한 장이 있다.

1. ¿Qué hay en la biblioteca? (libros) 도서관에는 무엇이 있습니까?
   →
2. ¿Qué hay en la sala? (unas sillas) 거실에는 무엇이 있습니까?
   →
3. ¿Qué hay en la plaza? (muchos bancos) 광장에는 무엇이 있습니까?
   →
4. ¿Qué hay en la ciudad? (tres museos) 도시에는 무엇이 있습니까?
   →
5. ¿Qué hay en la calle? (un teatro) 거리에는 무엇이 있습니까?
   →
6. ¿Qué hay en el cajón? (pocos euros) 서랍에는 무엇이 있습니까?
   →

VII. 다음 문장을 예문과 같이 Qué를 사용하여 감탄문으로 만드시오.

Mario está muy alegre. 마리오는 매우 기뻐한다.	→	¡Qué alegre! 꽤 기뻐하는군!

1. Estamos contentos. 우리들은 만족한다.
   →
2. Eres muy guapo. 너는 너무 잘생겼다.
   →

3. La sopa está caliente. 스프가 따뜻하다.

→

4. Los chicos son delgados. 소년들이 여위었다.

→

5. José es gordo. 호세는 비만이다.

→

6. Marisol está triste. 마리솔은 슬프다.

→

하얀 마을 까세레스 (Cáceres)

스페인 최남부에 위치하는 안달루시아는 지리적으로 아프리카에 가까운 탓에 예로부터 아프리카 북부를 지배해온 이슬람의 영향을 강하게 받아왔던 곳이다. 이슬람의 오랜 지배로 인해 안달루시아는 유럽의 여느 도시와는 다른 독특한 문화를 형성하게 되었고 그것은 태양을 즐기는 건축양식과 단조로운 하얀색의 마을 분위기가 전체적인 조화를 이룬 이국적인 마을 풍경을 창조해냈다. 마을의 모든 건물 외벽이 흰색으로 꾸며져 있어서 하얀 마을이라고 불리는 작은 마을들이 곳곳에 흩어져 있다. 이러한 하얀 마을들은 안달루시아의 따뜻한 햇살을 받아 눈부시게 빛나고, 지중해의 푸른 바다와 대비되어 아름다운 조화를 이루며 수많은 여행객들의 로망이 되고 있다.

스페인의 많은 지방 마을들이 아름답지만, 그중에서도 안달루시아의 하얀 마을 다섯 군데 몬떼프리오(Montefrío), 아르꼬 데 라 프론떼라(Arco de la Frontera), 베헤르 데 라 프론테라(Vejer de la Frontera), 세떼닐 데 라스 보데가스(Setenil de las Bodegas), 그리고 까세레스(Cáceres)는 낭만의 여행지로 손꼽힌다. 특히 사진에서 보여주듯 높은 구릉에 자리 잡은 마을 형세, 탁 트인 시야, 극적인 모양새와 순도 높은 백색을 자랑하는 하얀 마을 까세레스는 단연 으뜸이다.

Lección 4 ¿Cómo es la iglesia?

Laura : Estamos en la calle de la Castellana.
Este edificio es la catedral.

Alberto : ¿Es muy antigua?

Laura : Sí, del siglo XV, es una iglesia de estilo gótico.

Alberto : ¡Es muy bonita!
Y ¿qué es ese edificio?

Laura : Eso es la biblioteca nacional.
Hay muchos libros en la biblioteca.

Alberto : Entonces, ¿dónde está el museo del Prado?

Laura : El museo está en la misma calle.
Ves aquel edificio de color gris.
A la entrada hay una estatua de Goya, gran pintor de España.

Alberto : ¡Ah, sí! ¡Mira! Hay mucha gente a la entrada.

Laura : Ah, aquello es la cola para entrar en el museo.
Tú, ¿también quieres visitar el museo?

Alberto : Hoy no, no tenemos suficiente tiempo.
Eso, para otro día. Ahora, tengo hambre.

Laura : Bueno, cerca de aquí hay un restaurante bueno y barato.
Ese restaurante está detrás del museo. ¡Vamos!

Alberto : ¡Cómo no!

PREGUNTAS

1. ¿Qué es aquel edificio?
2. ¿Dónde está la calle de la Castellana?
3. ¿Quiere entrar en la biblioteca?
4. ¿Qué precio tiene la entrada?
5. ¿Cuántos museos hay en Madrid ?
6. ¿Desea algo más?

Lección 4

번역

교회는 어떻게 생겼습니까?

라우라 : 우린 까스떼야나 거리에 있어.
이 건물은 성당이야.

알베르또 : 아주 오래되었어?

라우라 : 응, 15세기의 것으로 고딕 스타일의 교회이야.

알베르또 : 매우 예쁘다!
그리고 그 건물은 무엇이니?

라우라 : 그것은 국립 도서관이야.
도서관에는 많은 책들이 있어.

알베르또 : 그렇다면, 쁘라도 박물관은 어디에 있니?

라우라 : 박물관은 같은 거리에 있어.
회색 건물이 보이지.
입구에는 스페인의 위대한 화가인 고야의 동상이 있어.

알베르또 : 아, 그렇구나! 봐! 입구에 많은 사람이 있구나.

라우라 : 아, 저것은 박물관에 들어가기 위한 줄이야.
너, 역시 박물관 관람하고 싶니?

알베르또 : 오늘은 아니야, 우린 충분한 시간이 없어.
그것은 다른 날로. 지금은 배가 고프네.

라우라 : 좋아, 이 근방에 좋고 싼 식당 하나가 있어.
그 식당이 박물관 뒤에 있어. 가자!

알베르또 : 왜 아니겠어!

Contenidos gramaticales

1 문장 어순

이미 앞 단원에서 설명한 바와 같이 스페인어 어순은 〈주어 + 동사〉를 기본으로 하고 질문할 때는 일반적으로 〈동사 + 주어〉의 어순을 갖는다. 평서문에서는 주어가 문장의 제일 앞에 오는 것이 원칙이지만 주어를 알면 생략할 수 있다. 또한, 의문문, 감탄문, 평서문에서는 감정표현에 따라 문장의 어조가 달라지기도 한다. 의문문에서는 의문사(qué, quién, cómo 등)가 있는 경우는 〈의문사 + 동사 + 주어〉의 순서를 따르지만, 의문사가 없을 경우에는 〈동사 + 주어〉의 순서를 따른다. 또한, 부정문에서는 no가 항상 동사 앞에 위치한다.

¿Necesita usted dinero? 당신은 돈이 필요합니까?
¿Necesita dinero? 돈이 필요합니까?
¿Usted necesita dinero? 당신은 돈이 필요합니까?
¿Qué es este hombre? 이 남자의 직업이 무엇입니까?
¿Dónde está Perú? 페루는 어디에 있습니까?

Rosa es profesora. 로사는 선생님이다.
→ ¿Es Rosa profesora?

Estudiamos español. 우리는 스페인어를 공부합니다.
→ ¿Estudiamos (nosotros) español?

Usted necesita dinero. 당신은 돈이 필요하다.
→ Usted no necesita dinero.

Mi amigo es chino. 내 친구는 중국인이다.
→ Mi amigo no es chino.

Usted comprende el español. 당신은 스페인어를 이해한다.

→ Usted no comprende el español.

〈자주 사용하는 의문사〉

quién(es)(사람)	-¿Quién es esta señora? 이 숙녀는 누구입니까? Es la directora de la escuela. 학교 교장이다 -¿Quiénes son aquellos chicos? 저 소년들은 누구입니까? Son estudiantes. 학생들입니다.
qué(사람, 사물)	¿Qué es usted? 당신 직업은 무엇입니까? Soy profesora. 저는 선생님입니다.
dónde(장소)	¿De dónde eres? 너는 어디 출신이니? Soy de Alemania. 나는 독일 출신이야.
cómo(방법, 상태)	¿Cómo es el bar? 바는 어떻습니까? Es agradable. 아담합니다.

이외에도 cuál, cuáles, cuánto, cuánta, cuántos, cuántas, cuándo 등의 의문사가 있다. 또한 영어에서 전치사로 끝나는 의문문은 스페인어에서는 의문사 앞에 전치사를 놓는다. (¿전치사 + 의문사 + 동사 + 주어?)

- ¿De dónde es usted? 당신은 어디 출신입니까?
  Soy de Holanda. 전 네덜란드에서 왔습니다.
- ¿Para quiénes son estos paraguas? 이 우산들은 누구들을 위한 것입니까?
  Son para mis amigos. 내 친구들을 위한 것입니다.
- ¿Con quién hablas? 너는 누구와 말하니?
  Hablo con Pablo. 나는 빠블로하고 말한다.

2 지시어(지시형용사)

독립적으로 사용하는 지시대명사와 달리 지시형용사(이~, 그~, 저~)는 명사 앞에 놓이며, 명사의 성과 수에 일치한다. 외형적인 표기는 지시대명사와 동일하다.

	남성		여성	
	단수	복수	단수	복수
이~	**este**	**estos**	**esta**	**estas**
그~	**ese**	**esos**	**esa**	**esas**
저~	**aquel**	**aquellos**	**aquella**	**aquellas**

este libro	estos libros
esta mesa	estas mesas
ese libro	esos libros
esa mesa	esas mesas
aquel libro	aquellos libros
aquella mesa	aquellas mesas

Este hotel es grande. 이 호텔은 크다. → Este es grande.

Estas flores son hermosas. 이 꽃들은 아름답다. → Estas son hermosas.

Aquellos sombreros son nuevos. 저 모자들은 새 것이다. → Aquellos son nuevos.

Ese coche es viejo. 그 자동차는 낡았다. → Ese es viejo.

3 Estar동사(~있다)의 용법

주어의 위치, 일시적인 상황이나 상태를 표현한다.

Yo	estoy	Nosotros / as	estamos
Tú	estás	Vosotros / as	estáis
El / Ella / Usted(Ud.)	está	Ellos / Ellas / Ustedes(Uds.)	están

La puerta está cerrada / abierta. 문은 닫혀 / 열려 있다.

Mi amigo está en el cine / la clase. 내 친구는 영화관 / 교실에 있다.

El gato está al lado de la silla. 고양이는 의자 옆에 있다.

La botella está sobre la mesa. 병은 식탁 위에 있다.

1. Ser 동사와 Estar 동사의 차이

Ser 동사와 Estar 동사의 차이점은 Ser는 정의, 본질 등 영구적인 의미를 지니지만 Estar는 일시적인 의미를 갖고 있다.

El niño es muy simpático. 아이는 매우 친절하다.

El niño está muy simpático. 아이는 매우 친절한 상태이다.

Mi hermana es una chica muy tranquila, pero últimamente está muy nerviosa por los exámenes.

내 동생(언니, 누나)은 매우 조용한 여자아이지만 최근 시험 때문에 매우 예민하다.

Pepe no es muy guapo, pero con ese traje está muy guapo.

뻬뻬는 매우 잘생기지 않았지만 그 옷을 입으니 아주 잘생겼다.

2. Hay 무인칭동사와 Estar 동사의 차이

Hay 무인칭동사와 Estar 동사의 차이점은 사물 또는 사람의 존재가 명확한가에 따라 hay는 (부정관사 + 명사)와 함께 사용하고, estar는 주어로서 (정관사 + 명사)를

사용한다.

Aquí hay un hospital. 이곳에 병원 하나가 있다.

Aquí está el hospital. 이곳에 병원이 있다.

La universidad está en la calle de Namsan. 대학교는 남산동에 있다.

Hay una universidad en la calle de Namsan. 남산동에 대학교 하나가 있다.

4 숫자(21~30)

21	veintiuno	22	veintidós	23	veintitrés
24	veinticuatro	25	veinticinco	26	veintiséis
27	veintisiete	28	veintiocho	29	veintinueve
30	treinta				

Contentidos culturales

문화 엿보기

■ 안또니오 가우디(Antonio Gaudi)와 성가족(Sagrada Familia) 성당

스페인의 천재 건축가로 알려진 안또니오 가우디(1852-1926)는 로마 교황청의 특별한 배려로 성자들만 묻힐 수 있다는 '사그라다 파밀리아' 성당의 지하에 시신이 안치되어 있다. 가우디는 평생의 역작인 사그라다 파밀리아 교회를 건축할 때 예술가로서 날개를 달았다. 그 자신도 이 건축물에 탄복하며 전통적인 고딕 양식에 새로운 생명력을 불어 넣었다. 평소 "신앙이 없는 사람은 정신적으로 쇠약한 인간이며, 손상된 인간이다."라는 말을 남기기도 한 가우디는 자신의 재능을 신을 위해 사용한다는 소명의식을 갖고 있었다. 말년에 그는 건축을 제외한 세상의 모든 것을 멀리하고 수도자처럼 살았다. 건축가로서의 명성과 열정이 종교적인 신성과 결합하여 '사그라다 파밀리아'를 탄생시킨 것이다. 아직 완성되지 않은 이 건축물은 2006년 유네스코가 세계문화유산에 선정하였고 앞으로 2026년 가우디 사후 100주기에 맞춰 완공이 예고되고 있다. 건축에 필요한 자금은 어느 특정한 정부나 교회로부터 지원받는 것이 아니라 후원자들의 기부금만으로 충당되고 있다. 현재 많이 늘어난 입장객의 증가에 따른 재원 확보와 건축 기술의 진보로 인해 완공이 크게 앞당겨질 것으로 예상된다.

〈성가족 성당, Iglesia de la Sagrada Familia〉

Ejercicios

I. 다음 밑줄친 곳에 지시 형용사 <este>를 알맞게 사용하시오.

1. ___________ maleta
2. ___________ hombre
3. ___________ mesas
4. ___________ cuadernos
5. ___________ libros

II. 다음 밑줄친 곳에 지시 형용사 <ese>를 알맞게 사용하시오.

1. ___________ mañana
2. ___________ semanas
3. ___________ amigos
4. ___________ cuadro
5. ___________ plumas

III. 다음 밑줄친 곳에 지시 형용사 <aquel>를 알맞게 사용하시오.

1. ___________ coche
2. ___________ cremas
3. ___________ sopa

4. __________ cuadernos

5. __________ chicas

IV. 주어에 따라 estar 동사의 변화형을 쓰시오.

1. Yo ________ aquí.
2. Ud. ________ bien.
3. Ellas ________ en el aeropuerto.
4. Nosotros ________ en China.
5. Tú ________ enfermo.
6. Vosotros ________ en la playa.
7. Seúl ________ en Corea.

V. 다음 단어들을 Ser동사 또는 Estar동사변화를 선택하여 문장을 만드시오.

el salón	es	sucias
la guitarra	está	antigua
los sillones	son	aquí
el cuarto de baño	están	pequeño
las mesas		a la izquierda

VI. 다음 문장을 ser 또는 estar 동사의 직설법 현재로 만드시오.

1. Hoy ________ el martes.
2. Mis zapatos ________ blancos.
3. Miguel ________ simpático.
4. El médico ________ cansado.
5. Los médicos ________ casados.
6. Las ventanas ________ cerradas.
7. La ventana ________ ancha.
8. Esta camisa ________ de Julio.
9. Mis padres ________ alemanes. Ahora ________ de vacaciones en España.
10. Mi reloj ________ nuevo, pero ahora ________ roto.

VII. 예문과 같이 다음 문장들을 지시형용사를 사용하여 완성하시오.

Allá, la mesa es redonda. 저기, 식탁은 동그랗다.

→ Aquella mesa es redonda. 저 식탁은 동그랗다.

1. Allá, los alumnos son coreanos. 저기, 학생들은 한국인들이다.

   →

2. Ahí, las señoritas son turistas. 거기, 이가씨들은 관광객들이다.

   →

3. Aquí, la ciudad es grande. 여기, 도시는 크다.

   →

4. Ahí, el edificio es antiguo. 거기, 건물은 오래되었다.

   →

5. Allá, la fábrica es pequeña. 저기, 공장은 작다.

→

6. Ahí, las plazas son bonitas. 거기, 광장들은 예쁘다.

→

7. Aquí, las habitaciones son agradables. 여기, 방들은 아담하다.

→

8. Allá, los estudiantes son ingleses. 저기, 학생들은 영국인들이다.

→

9. Aquí, la torre es románica. 여기, 탑은 로마식이다.

→

10. Ahí, la profesora es alta. 거기, 여자선생은 키가 크다.

→

구엘공원 (Parque Güell)

가우디가 만든 구엘공원은 지중해가 훤히 내려다 보이는 언덕 위에 세워져 있다. 녹음이 우거진 바르셀로나의 명물 공원으로 타일 모자이크를 이용한 멋진 건축물이 자연과 잘 조화되어 있다.

주물제조업자인 선대의 피를 이어받아 완성된 건축물은 자연미와 조형미의 조화를 이루고 있다. 피렌체의 메디치 대공이 수많은 예술가를 후원한 것처럼, 직물업계의 거장인 구엘은 가우디의 이상적인 후원자였다. 그는 자신의 재산을 가우디가 천재성을 발휘하는데 투자하였다. 그의 이름이 붙은 별장, 궁전, 공원들은 가우디의 재능이 충분히 발휘된 작품이다. 가우디의 건축물은 주로 자연에서 영감을 받은 곡선으로 이루어져 있으며 섬세하고 강렬한 색상의 장식이 주를 이룬다. 그는 조물주의 손으로 작업했다. 모든 건축물의 설계도면으로부터 시작된 가우디의 정신이 손끝에서 흘러나오는 순간 꿈틀거리는 건축물들은 조각 작품으로 변신하였다. 구엘 공원은 1984년에 유네스코 세계문화유산에 등록되었다.

Lección 5 ¿Dónde estás?

Santiago : ¡Hola, soy Santiago!

Carmen : ¡Hola, Santiago! ¿Cómo estás?

Santiago : Perdido, estoy en el centro de la ciudad y no sé cómo llegar a casa.

Carmen : ¿Dónde estás?

Santiago : Estoy al lado de la iglesia.

Carmen : Tranquilo, estás muy cerca. Yo te indico.

Santiago : Sí, sí, te escucho.

Carmen : A la derecha de la iglesia hay un metro.
¿Ves el metro?

Santiago : Sí, sí, veo el metro enfrente.

Carmen : Bien, tú vas hasta la farmacia y pasas delante de un cibercafé. ¿Sí?

Santiago : Perdón, ¿puedes repetir? ¿Cibercafé?

Carmen : Exacto. Luego, ves el parque a la izquierda.

Santiago : Sí, estoy al lado del parque.
¿Estoy cerca de casa?

Carmen : Sí, ya llegas.
Al final de la calle giras a la derecha y estás en la calle Mayor, ¿verdad?

Santiago : Sí, y ¿ahora?

Carmen : Ahora buscas el número 15.

Santiago : Ah, ¡vale! Muchas gracias. Hasta luego.

Carmen : Adiós.

PREGUNTAS

1. ¿Dónde estás?
2. ¿Cómo estás?
3. ¿Está el parque a la izquierda?
4. ¿Estás cerca de casa?
5. ¿Pasas el cibercafé?
6. ¿Hay un bar al final de la calle?

Lección 5

번역

너는 어디 있니?

산띠아고 : 안녕, 나 산띠아고!

까르멘 : 안녕, 산띠아고! 잘 있니?

산띠아고 : 길을 잃었어, 나 도시 한복판에 있어 그리고 집으로 어떻게 도착하는지 모르겠어.

까르멘 : 어디 있니?

산띠아고 : 나는 교회 옆에 있어.

까르멘 : 침착해, 너는 아주 가까이 있어. 내가 너를 안내할게.

산띠아고 : 그래, 그래, 네 말 들을게.

까르멘 : 교회 오른편에 지하철 하나가 있어. 지하철이 보이니?

산띠아고 : 맞아, 맞아, 정면으로 지하철이 보여.

까르멘 : 좋아, 너는 약국까지 가서 그리고 사이버 카페 앞을 지나가. 됐니?

산띠아고 : 미안한데, 다시 말해줄래? 사이버 카페?

까르멘 : 맞아. 그리고 왼편으로 공원이 보일거야.

산띠아고 : 그래, 나는 공원 옆에 있어. 내가 집 근처에 있니?

까르멘 : 그래, 이제 도착할거야. 길 끝에서 오른편으로 돌면, 너는 마요르 거리에 있게 돼, 그렇지?

산띠아고 : 그렇구나, 그리고 지금은?

라우라 : 이제 15번지를 찾아.

산띠아고 : 아, 됐어! 너무 고맙다. 나중에 보자.

라우라 : 안녕.

Contenidos gramaticales

1 전치사

문장 안에서 다른 단어들과의 관계를 이어주는 전치사는 주로 명사와 대명사 앞에 놓인다.

〈자주 사용되는 전치사〉

a	~에, 을, 에서	hacia	~을 향하여, 경에
ante	~앞에	hasta	~까지
bajo	~의 밑에	para	~을 위하여
con	~와 함께	por	~때문에
contra	~에 대항하여	según	~에 의하면
de	~의, ~으로부터	sin	~없이
desde	~부터	sobre	~위에
en	~에	tras	~뒤에
entre	~사이에		

El hombre está tras la puerta. 남자가 문 뒤에 있다.

Estamos con los turistas. 우리들은 관광객들과 함께 있다.

Preparamos la comida para la cena. 우리들은 저녁을 위해 음식을 준비한다.

La escuela está hacia el norte. 학교는 북쪽을 향해 있다.

Usted habla español sin parar. 당신은 쉬지 않고 스페인어를 말한다.

La carta está sobre la mesa. 편지는 식탁 위에 있다.

〈장소를 나타내는 전치사구〉

cerca de	~의 근처에	fuera de	~의 밖에
lejos de	~의 먼 곳에	dentro de	~의 안에
junto a	~의 곁에	a la izquierda	왼편에
al lado de	~의 옆에	a la derecha	오른편에
detrás de	~의 뒤에	a la izquierda de	~의 왼편에
delante de	~의 앞에	a la derecha de	~의 오른편에
encima de	~의 위에	enfrente de	~의 정면에
debajo de	~의 밑에	frente a	~의 앞에

Al lado del hotel hay un cine. 호텔 옆에 영화관 하나가 있다.
El banco está a la izquierda del quiosco. 은행은 길거리 매점의 왼편에 있다.
El correo está delante de la iglesia. 우체국은 교회 앞에 있다.
Debajo del árbol hay un gato. 나무 밑에 고양이 한 마리가 있다.
La cafetería está detrás del hospital. 카페테리아는 병원 뒤에 있다.
A la derecha hay un edificio. 오른편에 건물 하나가 있다.
La piscina está a la izquierda. 수영장이 왼편에 있다.

2 제1변화 규칙동사(-ar)형의 직설법 현재

(Yo)	어간 + **o**	(Nosotros)	어간 + **amos**
(Tú)	어간 + **as**	(Vosotros)	어간 + **áis**
(Él / Ella / Ud.)	어간 + **a**	(Ellos / Ellas / Uds.)	어간 + **an**

주어의 인칭과 수에 따라 어미가 규칙에 따라 어간에 -o, -as, -a, -amos, -áis, -an을 붙여 변화한다. 제1변화 규칙동사(-ar)형에는 trabajar, estudiar, cantar, tomar, pasear, pintar, nadar, llevar, comprar, llamar 등이 있다.

Los hombres pasean por el parque. 남자들이 공원을 산책한다.

Los chicos nadan en el río. 아이들이 강에서 수영한다.

Cantáis una canción. 너희들은 노래 하나를 부른다.

Petra toma un café. 뻬뜨라는 커피 한 잔을 마신다.

Estudiamos chino. 우리들은 중국어를 공부한다.

1. Escuchar 동사(~을 듣다)

(Yo) escuch**o**	(Nosotros) escuch**amos**
(Tú) escuch**as**	(Vosotros) escuch**áis**
(Él / Ella / Ud.) escuch**a**	(Ellos / Ellas / Uds.) escuch**an**

José escucha la radio. 호세는 라디오를 듣는다.

Escuchamos la música clásica. 우리들은 클래식 음악을 듣는다.

3 불규칙동사 ver(~을 보다)의 직설법 현재

(Yo)	veo	(Nosotros)	vemos
(Tú)	ves	(Vosotros)	veis
(Él / Ella / Ud.)	ve	(Ellos / Ellas / Uds.)	ven

Vemos una película en el cine. 우리는 영화관에서 영화 한 편을 본다.

La anciana ve los coches en la calle. 노인은 길에서 자동차들을 본다.

Ves ese bar a la derecha. 너는 오른편에서 그 바를 본다.

4 불규칙동사 poder(~을 할 수 있다)의 직설법 현재(o → ue)

어간변화가 (o → ue)로 변하는 가운데 nosotros, vosotros에 대해서는 규칙적인 변화를 한다.

(Yo)	puedo	(Nosotros)	podemos
(Tú)	puedes	(Vosotros)	podéis
(Él / Ella / Ud.)	puede	(Ellos / Ellas / Uds.)	pueden

poder 동사처럼 어간의 모음 o가 ue로 변하는 ~ar, ~er, ~ir의 불규칙한 동사들이 있다.

〈~ar〉 contar, mostrar, colgar, recordar, volar
〈~er〉 llover, mover, volver, disolver, soler
〈~ir〉 dormir, morir, adormir

¿Carmen puede comprar el billete para Daegu? 까르멘은 대구행 표를 살 수 있습니까?
Duermo siete horas al día. 나는 하루에 7시간을 잔다.
Nosotros no podemos ir a la estación de autobuses. 우리들은 버스역으로 갈 수 없다.
Este coche cuesta muy caro. 이 자동차는 매우 비싸다.
Recuerdo mi infancia en este pueblo. 나는 이 마을에서 나의 어린 시절을 기억한다.

2 숫자(31~100)

31	treinta y uno	32	treinta y dos	33	treinta y tres
40	cuarenta	41	cuarenta y uno	42	cuarenta y dos
50	cincuenta	60	sesenta	70	setenta
80	ochenta	90	noventa	100	cien

*30~99는 10단위와 1단위를 접속사 y로 연결함.

treinta y una casas 31채의 집들
noventa y nueve hombres 99명의 남자들

Contentidos culturales
문화 엿보기

■ 복권(Lotería)에 열정을 보이는 스페인

세계 최고의 프로축구 리그를 가지고 있는 스페인에, 잘 알려지지 않은 또 하나의 세계 최고가 있다. 바로 복권 시장이다. 6개의 숫자를 알아맞히는 복권, 맹인협회의 복권(Once), 그리고 프로축구 복권(Quiniela)에 이르기까지 중앙 일간지에서 결과를 알려주는 종류만도 5가지가 넘는다.

특히 크리스마스 직전인 스페인 국민 대부분이 12월 22일 발표하는 복권을 사기 위해 해마다 줄을 서서 기다리는 모습을 길거리 어디에서나 볼 수 있다. 한 달치 월급을 몽땅 털어 복권을 사기도 하고, 각자 구입한 복권의 액수를 쪼개 친구들끼리 크리스마스 선물로 교환하기도 한다. 때문에 해마다 연말이 되면 과연 어느 지방에서 당첨이 되는지 국가적인 관심사가 된다. 이처럼 남녀노소를 가리지 않고 누구나 복권 사는 것을 즐기며, 복권은 국민들의 삶과 문화의 일상적인 한 부분이 되었다. 그것은 스페인의 복권 광고에서 보여 주듯이 당첨으로 일확천금을 노리기보다는 약간의 설렘과 기다림, 희망을 전달한다는 내용으로 이들의 삶과 문화에 깊숙이 들어와 있다는 것을 알 수 있다. 낙천적인 성격을 가진 스페인 사람들이 더욱 신나고 즐겁게 생활할 수 있도록 부추겨주는 것이 이 복권문화이기도 한 셈이다. 국가에서 발행하는 복권의 1등은 그 상금이 상상을 초월해 "gordo(뚱보)"라는 별명까지 생겨날 정도다. 그래서 엘 고르도는 추첨방송 당일 당첨번호가 불리는 순간, TV 중계차는 당첨된 사람이 사는 지역으로 이동한다. 즉시 당첨자의 모습이 전파를 타고 전국에 방영됨으로써 스페인 전역이 떠들썩해지고 축제의 분위기가 조성되는 모습은 분명 한국에서의 복권당첨과는 퍽 대조적이다.

이미지 출처: http://commons.wikimedia.org/wiki/File:Loter%C3%ADa_Nacional_Espa%C3%B1a_14-08-2004.jpg

Ejercicios

I. 예문과 같이 주어진 단어를 사용하여 문장을 만드시오.

¿Cómo es este teatro? / antiguo → Este teatro es antiguo.
이 극장은 어떻습니까? 이 극장은 오래되었습니다.

1. ¿Cómo son aquellas iglesias? / góticas.
2. ¿Qué es este edificio? / la biblioteca.
3. ¿Quién es esa señora? / mi tía.
4. ¿Quiénes son esas chicas? / las secretarias.
5. ¿Qué es esta fruta? / la naranja.
6. ¿De dónde son aquellas señoritas? / Francia.
7. ¿De quién es ese libro? / Juan.
8. ¿Cómo son estas mesas? / caras.
9. ¿Cómo es aquel hombre? / simpático.
10. ¿De qué siglo es esta torre? / el siglo XVI.

II. 의문문을 만드시오.

Aquel edificio es muy moderno. → ¿Es muy moderno aquel edificio?
저 건물은 매우 현대적이다. 저 건물은 매우 현대적입니까?

1. Esta señora es muy amable. 이 부인은 매우 친절하다.

→

2. Aquellos turistas son japoneses. 저 관광객들은 일본인이다.

→

3. Aquellas casas son modernas. 저 집들은 현대적이다.

→

4. Ese edificio es un centro de deporte. 그 건물은 운동센터이다.

→

5. Estos señores son médicos. 이 분들은 의사이다.

→

6. Este edificio es una escuela. 이 건물은 학교이다.

→

7. Esto es un libro. 이것은 책이다.

→

8. Aquello es una fábrica. 저것은 공장이다.

→

III. 예문과 같이 의문사(Quién, Qué, Cómo / 누구, 무엇, 어떻게)를 사용하여 의문문을 만드시오.

Aquel edificio es muy moderno. → ¿Cómo es aquel edificio?
저 건물은 매우 현대적입니다. 저 건물은 어떻습니까?

1. Este señor es muy amable. →
2. Aquellos turistas son rusos. →
3. Aquellas mesas son modernas. →
4. Ese edificio es un supermercado. →
5. Estos señores son peluqueros. →
6. Eso es una escuela de idiomas. →

7. Esto es el ordenador. →

8. Aquello es una tienda. →

IV. 다음 문장들을 복수형으로 바꾸시오.

Yo estoy resfriado. → Nosotros estamos resfriados.
나는 감기 걸렸다. 우리들은 감기 걸렸다.

1. La ventana está abierta. 창문이 열려 있다.

 →

2. Usted está cómodo. 당신은 편하게 있다.

 →

3. La habitación está desordenada. 방은 어수선하다.

 →

4. El banco está cerrado. 은행은 닫혀있다.

 →

5. Ella está en el edificio. 그녀는 건물에 있다.

 →

6. Yo estoy todavía en la cama. 나는 아직 침대에 있다.

 →

7. Tú estás casada. 너는 결혼했다.

 →

8. La chica está bien. 여자아이는 건강하다.

 →

V. 동사를 알맞게 변화시키시오.

Young Chul / necesitar / el diccionario.
→Young Chul necesita el diccionario. (영철이는 사전이 필요하다.)

1. El cartero / llevar / las cartas. (우편배달부는 편지를 배달한다.)

→

2. Yo / comprar / la revista. (나는 잡지를 산다.)

→

3. Tú / lavar / el coche. (너는 자동차를 닦는다.)

→

4. Nosotros / saludar / al vecino. (우리들은 이웃에게 인사한다.)

→

5. El hombre / contar / el dinero. (남자가 돈을 센다.)

→

6. Ellos / escuchar / la música. (그들은 음악을 듣는다.)

→

7. Carmen / pintar / la puerta. (까르멘은 문을 색칠한다.)

→

8. Vosotros / pasear / por el parque.(너희들은 공원을 산책한다.)

→

VI. Poder 동사와 Ver 동사를 변화시키시오.

Yo poder fumar aquí.
→ Yo puedo fumar aquí. (여기서 나는 담배를 피울 수 있다.)

1. Ud. poder usar la bicicleta. (당신은 자전거를 사용할 수 있다.)

   →

2. Nosotros poder jugar en el jardín. (우리들은 정원에서 놀 수 있다.)

   →

3. Vosotros poder comprar los cuadernos. (너희들은 공책들을 살 수 있다.)

   →

4. Ellos no poder fumar en la clase. (그들은 교실에서 담배를 피울 수 없다.)

   →

5. Yo ver una película en la televisión. (나는 텔레비전에서 영화 한 편을 본다.)

   →

6. Tú ver una obra de teatro. (너는 연극 한 편을 본다.)

   →

7. Ellas ver otro restaurante en la calle. (그녀들은 길에서 다른 식당을 본다.)

   →

8. Antonio y Lola ver la televisión en casa. (안또니오와 롤라는 집에서 텔레비전을 본다.)

   →

VII. 예문과 같이 대답하시오.

¿Qué escucha usted? / la música → Yo escucho la música.
당신은 무엇을 듣습니까? 나는 음악을 듣습니다.

1. ¿Qué practican los estudiantes? / los verbos

   →

2. ¿Qué compras tú? / la comida

   →

3. ¿Qué explica el profesor? / la gramática

   →

4. ¿Qué tomáis? / un vaso de leche

   →

5. ¿Qué idioma habla Andrés? / ruso

   →

6. ¿Qué fuma tu padre? / un cigarro

   →

7. ¿Qué esperan ellos? / el autobús

   →

8. ¿Qué compráis? / las frutas

   →

이미지 출처 http://commons.wikimedia.org/wiki/File:Ruta_del_Camino_de_Santiago_Frances.svg

산띠아고 순례길(Camino de Santiago)

산띠아고 데 꼼뽀스뗄라(Santiago de Compostela)는 스페인 갈리시아 지방의 중심지이자 유네스코 세계유산으로 선정된 도시로, 스페인 북서부의 라 꼬루냐주(La Coruña)에 위치하고 있다. 2000년에는 유럽 문화 수도로 지정되었다. 이곳에 있는 성당은 9세기부터 산띠아고 데 꼼뽀스뗄라 성지 순례길의 목적지가 되어 많은 기독교인들이 순례를 온다.

이 순례길(Camino de Santiago)은 산띠아고 순례길, 성 야고보의 길이라고 불리고 있다. 예수 그리스도의 제자 야고보가 복음을 전하려고 걸었던 길로서 9세기 이 지역에서 성 야고보의 유해가 발견되면서 스페인의 수호성인으로 모시게 되었고 오늘날의 순례길이 생겼다.

여러 갈래의 길 가운데 가장 알려져 있는 '프랑스 길'이 있는데 절대 만만한 코스가 아니다. 프랑스 남부국경에서 시작해 피레네 산맥을 넘어 산띠아고 데 꼼뽀스뗄라까지 이르는 800km 여정을 마치기 위해서는 하루에 20여 킬로미터씩 한 달을 꼬박 걸어야 한다. 특히 이 순례길은 '연금술사'의 저작자로 알려진 브라질 출신의 문인 파울로 코엘료(Paulo Coelho de Souza)가 걸어 더욱 유명해졌다.

Lección 6 ¿Quién es?

Pedro : ¿Quieres ver una foto de mi familia?

Alicia : Sí, ¿me permites?

Pedro : Claro que Sí. Mira. Aquí está.

Alicia : ¡Qué bonita es la foto!
¿Esta baja y pelirroja es tu madre?

Pedro : Sí, se llama Elena.
Es guapa, ¿verdad?

Alicia : Sí, así es. ¿A qué se dedica?

Pedro : Es ama de casa.

Alicia : ¿Qué edad tiene?

Pedro : Cincuenta y cinco años.

Alicia : Y este hombre tan alto, ¿quién es?

Pedro : Es mi padre, Felipe. Es arquitecto.

Alicia : Es muy moreno. Y ¿cuántos años tiene?

Pedro : Cincuenta y ocho años.

Pedro : Este hombre es mi hermano Nicolás.
También es moreno. Tiene veintiún años.

Alicia : Esta niña preciosa, ¿quién es?

Pedro : Es mi sobrina, Ana. Es la hija de mi hermano mayor.
Mañana es su cumpleaños. Va a tener un año.

Alicia : Entonces, ¿sólo tienes dos hermanos?

Pedro : No, tengo una hermana más. Ella está en el extranjero.

Alicia : Así es. Ya entiendo.

PREGUNTAS

1. ¿Cuántos años tiene usted?
2. ¿Cuántos hermanos tienes tú?
3. ¿Es baja tu madre?
4. ¿Es alto su padre?
5. ¿Cómo es tu padre?
6. ¿Cómo es su madre?

번역

누구십니까?

뻬드로: 내 가족사진 볼래?

알리시아: 응, 보여줄래?

뻬드로: 물론이지. 자. 여기 있어.

알리시아: 사진이 예쁘구나! 키가 작고 빨강머리 이 분이 너의 어머니시니?

뻬드로: 응, 엘레나라고 불러. 예쁘지, 그렇지?

알리시아: 응, 그렇구나. 무슨 일을 하시니?

뻬드로: 전업주부시지.

알리시아: 몇 세이신데?

뻬드로: 55세.

알리시아: 그리고 키가 제법 큰 이 남자, 누구지?

뻬드로: 나의 아버지, 펠리뻬. 건축가이지.

알리시아: 피부가 갈색이시구나. 몇 세이신가?

뻬드로: 58세.

뻬드로: 이 사람은 내 동생 니꼴라스야. 역시 피부가 갈색이지. 그는 21살이야.

알리시아: 이 예쁜 여자아이, 누구니?

뻬드로: 내 조카, 아나. 내 큰형의 딸이야. 내일 그녀의 생일이야. 한 살이 돼.

알리시아: 그렇다면, 너는 단 두 명의 형제가 있는거니?

뻬드로: 아니, 여자 형제 하나 더 있어. 그녀는 외국에 있어.

알리시아: 그렇구나. 이제 알겠어.

Contenidos gramaticales

1 제2변화 규칙동사(-er)형의 직설법 현재

(Yo)	어간 + o	(Nosotros)	어간 + emos
(Tú)	어간 + es	(Vosotros)	어간 + éis
(Él / Ella / Ud.)	어간 + e	(Ellos / Ellas / Uds.)	어간 + en

어간에 -o, -es, -e, -emos, -éis, -en을 붙여 인칭 변화를 한다. 제2변화 규칙동사(-er)형에는 beber, comprender, creer, comer, correr, deber, vender, aprender, responder 등이 있다.

Aprendo ruso para visitar Rusia. 나는 러시아를 방문하기 위해 러시아어를 배운다.
Carlos y yo bebemos mucha cerveza. 까를로스와 나는 맥주를 많이 마신다.
Isabel, comes muy poco, ¿estás mal? 이사벨, 넌 너무 조금 먹는구나, 몸이 안 좋아?
Uds. leen el periódico en la sala de estar. 당신들은 거실에서 신문을 읽는다.
Juan lee muchos libros en español. 후안은 스페인어로 많은 책들을 읽는다.
Respondéis a la pregunta en español. 너희들은 질문에 스페인어로 대답한다.

1. Leer(~을 읽다)

(Yo)	leo	(Nosotros)	leemos
(Tú)	lees	(Vosotros)	leéis
(Él / Ella / Ud.)	lee	(Ellos / Ellas / Uds.)	leen

2 불규칙동사 tener(가지다), venir(오다), querer(좋아하다)의 직설법 현재

어간의 모음 (e → ie)로 변화하는 가운데 1, 2인칭 복수인 nosotros, vosotros의 어간 모음에는 변화가 없다. 단, tener, venir 동사의 1인칭은 -go로 끝난다.

1. Tener (~을 가지다)

(Yo)	ten**go**	(Nosotros)	tenemos
(Tú)	t**ie**nes	(Vosotros)	tenéis
(Él / Ella / Ud.)	t**ie**ne	(Ellos / Ellas / Uds.)	t**ie**nen

La señora Jiménez tiene el pelo corto. 히메네스 부인은 짧은 머리를 갖고 있다.
Mi profesor tiene una hermana. 나의 선생님은 한 명의 여동생(누나)을 갖고 있다.
Tenemos la misma edad. 우리는 동갑이다.
Usted tiene treinta años. 당신은 30살이다.
Tenéis una casa nueva. 너희들은 새 집을 갖고 있다.

2. Venir (~로 오다)

(Yo)	ven**go**	(Nosotros)	venimos
(Tú)	v**ie**nes	(Vosotros)	venís
(Él / Ella / Ud.)	v**ie**ne	(Ellos / Ellas / Uds.)	v**ie**nen

Vengo de Alemania. 나는 독일에서 온다.
¿De dónde viene usted? 당신은 어디서 오십니까?
Venimos de compras. 우리는 쇼핑하다가 온다.
Vienes con el profesor. 너는 선생님과 함께 온다.
Venís a ver la película. 너희는 영화를 보러온다.

3. Querer (~을 좋아하다)

(Yo)	quiero	(Nosotros)	queremos
(Tú)	quieres	(Vosotros)	queréis
(Él / Ella / Ud.)	quiere	(Ellos / Ellas / Uds.)	quieren

Queremos un café. 우리는 커피를 원한다.

Quieren escuchar la radio. 그들은 라디오 듣기를 원한다.

Queréis comprar un coche. 너희들은 자동차를 사기를 원한다.

Carlos quiere tomar una cerveza. 까를로스는 맥주를 마시기를 원한다.

Quiero abrir la ventana. 나는 창문을 열기를 원한다.

*~ar, ~er, ~ir 불규칙한 동사에서 어간의 모음 (e → ie)로 변화하는 동사들이 있다.

〈~ar〉 cerrar, comenzar, empezar, recomendar, sentar

〈~er〉 tender, encender, entender, perder, ascender

〈~ir〉 preferir, sentir, divertir, mentir, advertir

3 전치형 소유형용사

소유형용사는 명사 앞에 사용하는 전치형과 명사 뒤에 사용하는 후치형이 있다.

단수		복수	
mi	나의	mis	나의
tu	너의	tus	너의
su	그의(그녀,당신)	sus	그의(그녀,당신)

nuestro / nuestra	우리들의	nuestros / nuestras	우리들의
vuestro / vuestra	너희들의	vuestros / vuestras	너희들의
su	그들의 (그녀들, 당신들)	sus	그들의 (그녀들, 당신들)

mi tu su	hijo hija	mis tus sus	hijos hijas
nuestro / nuestra vuestro / vuestra su	hijo hija	nuestros / nuestras vuestros / vuestras sus	hijos hijas

*su / sus는 3인칭 단 · 복수에 공통으로 사용하기 때문에 소유자를 구분하기 어렵다. 따라서 확실히 하기 위해 전치사 de를 동반하여 de él, de ella, de ellos, de ellas, de ud., de uds.가 사용되기도 한다.

su casa → la casa de él / la casa de ellos / la casa de ud. / la casa de uds.

Esta es mi pluma. 이것은 내 펜이다.
Aquí están tus cuadros. 여기 너의 그림들이 있다.
Hablamos con su amigo. 우리는 그(그녀 / 그들 / 그녀들 / 당신 / 당신들)의 친구와 말을 한다.
Nuestro hijo se llama Luis. 우리들의 아들은 루이스라고 부른다.
Vuestras maletas están al lado de la mesa. 너희들의 가방은 식탁 옆에 있다.
Sus hermanas quieren ver la película en el cine.
그(그녀 / 그들 / 그녀들 / 당신 / 당신들)의 여동생들은 영화관에서 영화를 보길 원한다.

4 가족관계(Familia)

Jaime + Carmen
(marido) (mujer) → (matrimonio)
남편 아내 부부

Juan (yo) 나

Fernando + Ana
(hermano) (cuñada)
형 형수

Javier + **Belén**
(cuñado) (hermana)
처남 여동생

Fernando + Ana → Patricia, David, Bárbara
(sobrinos)
조카

Javier + Belén → Oscar, María
(sobrinos)
조카

Jaime tiene tres hijos(Yo, Fernando, Belén) y cinco nietos.

Carmen es madre de Belén

Yo estoy soltero. Tengo dos hermanos, dos cuñados y cinco sobrinos.

Fernando está casado con Ana. Ana es la mujer de Fernando.

Javier es tío de Patricia. Ana es tía de Oscar. También soy tío de ellos.

El matrimonio de Javier y Belén tiene dos hijos.

Patricia es la hija mayor de Fernando.

Bárbara es prima de Oscar.

Oscar y David son primos.

Javier y Fernando son cuñados.

Ana y Belén son cuñadas.

(가족과 관련된 단어)

	El	La
Los abuelos 할아버지들	abuelo	abuela
Los padres 부모님	padre	madre
Los hijos 자식들	hijo	hija
Los hermanos 형제들	hermano	hermana
Los tíos 삼촌부부	tío	tía
Los cuñados 동서들	cuñado	cuñada
Los sobrinos 조카들	sobrino	sobrina
Los primos 사촌들	primo	prima
Los nietos 손자들	nieto	nieta

* El marido(남편)과 la mujer(부인)은 el matrimonio(부부), 부모님을 los padres라고 부르지만, 중남미지역에서 los padres 대신 los papás라고 부른다.

Contenidos culturales
문화 엿보기

■ 빰쁠로나의 소몰이 축제(Fiesta de San Fermín)

스페인 북부지방의 조용한 순례자의 도시로 알려진 빰쁠로나는 나바라주의 주도(州都)로 20만 명이 살고 있지만 7월이 되면 스페인 전역과 전 세계의 관광객들은 축제에 참가하기 위해 주민수의 두 배가 넘는 50만 명이 이 도시를 찾는다. 3세기 말 빰쁠로나의 주교였지만 소에 밟혀 죽었다고 알려진 빰쁠로나의 수호 성자 '산 페르민'을 기념하기 위한 '산 페르민 축제'는 매년 7월 6일 정오부터 7월 14일 자정까지 9일 동안 열린다. 이 축제의 기원은 잘 알려지지 않았지만, 역사적으로 산 페르민 축제는 1591년부터 세 가지 축제가 융합되었다. 수호 성자인 산 페르민을 기념하는 종교축제와 14세기경부터 유래된 상업적 축제, 그리고 투우 경기를 중심으로 한 소축제가 함께 결합된 것이다. 본래는 10월에 열리던 축제를 춤, 음악, 희극, 투우 등이 어우러지면서 시의회에서 7월에 열도록 결정하였다.

세상에서 가장 위험한 축제로도 꼽히고 있는 이 행사의 하이라이트는 축제가 벌어지는 기간 내내 아침 8시에 반복되는 소몰이(encierro)행사이다. 오후 투우에 쓸 소들을 투우장까지 연결되는 거리에 풀어 질주하도록 한다. 수백 명의 젊은이들이 흰 옷을 입고, 허리에 빨간색 천을 두르고 소를 앞질러서 달린다. 800여 미터의 중앙로에는 여섯 마리 정도의 소가 달린다. 사람들은 소몰이를 시작하기 전에 수호성인에게 소몰이를 무사히 마칠 수 있도록 기도한다. 물론 경호원들과 응급요원들이 자리를 지키고 있기는 하지만, 너무나 많은 사람들이 참여하면서 위험이 늘어나고 있다. 사실 이 소몰이는 단 5분 정도면 끝나버리는 것이고, 이 외에 여러 다양한 행사들이 준비되어 있지만 이 소몰이 행사가 산 페르민 축제를 대표하는 것으로 알려져 있고, 이것을 중심으로 축제가 홍보되고 있다.

〈스페인북부 Pamplona 산 페르민 축제의 소몰이 행사〉

이미지 출처: http://es.wikipedia.org/wiki/Archivo:Sanfermines_Vaquillas_Pamplona_05.jpg

Ejercicios

I. 예문과 같이 동사원형을 주어에 따라 현재형으로 답하시오.

Mario *leer* un periódico.
→ Mario lee un periódico. 마리오는 신문을 읽는다.

1. Carlos y yo *beber* mucho té. 우리는 차를 마신다.

   →

2. Los niños *hacer* los deberes en casa. 아이들은 집에서 숙제를 한다.

   →

3. El Sr. Kim *vender* libros en la librería. 김씨는 서점에서 책들을 판다.

   →

4. Uds. *coger* naranjas en el jardín. 당신들은 정원에서 오렌지를 딴다.

   →

5. El lunes Juan y tú *comer* en el restaurante. 월요일에 후안과 너는 식당에서 식사한다.

   →

6. Tú *responder* a la pregunta en español. 너는 질문에 스페인어로 대답한다.

   →

7. Ellas *aprender* inglés en la clase. 그녀들은 교실에서 영어를 배운다.

   →

II. 다음 문장에서 tener동사, venir동사, querer동사의 직설법 현재를 사용하여 완성하시오.

1. Nosotros *querer* jugar al fútbol. 우리들은 축구를 하기를 원한다.

→

2. Mis amigas *tener* los mismos años. 내 친구들은 동갑이다.

→

3. Los muchachos *tener* calor. 소년들은 덥다.

→

4. Los niños *tener* hambre. 아이들은 배고프다.

→

5. Yo *querer* comprar un ordenador. 나는 컴퓨터를 구입하기를 원한다.

→

6. Tú *venir* a la escuela en bicicleta. 너는 자전거로 학교에 온다.

→

7. Vosotros *venir* a la ciudad. 너희들은 도시로 온다.

→

8. Jiménez y yo *querer* un helado. 히메네스와 나는 아이스크림을 원한다.

→

9. Este domingo mi tío *venir* a Madrid. 이번 일요일에 내 삼촌은 마드리드로 온다.

→

III. 다음 질문에 따라 답하시오.

¿Cuántos años tienes? / 23 años. → Tengo veintitrés años.
너는 몇 살이니? 나는 23살이다.

1. ¿Cuántos años tiene tu abuela Elena? / 60 años.
   너의 할머니 엘레나는 몇 세입니까?
   →

2. ¿Cuántos años tiene su prima? / 18 años.
   당신의 사촌은 몇 살입니까?
   →

3. ¿Cuántos años tiene usted? / 38 años.
   당신은 몇 살입니까?
   →

4. ¿Qué tiempo tiene este bebé? / 5 días.
   이 갓난아이는 태어난지 얼마 되었습니까?
   →

5. ¿Qué edad tienen vuestros tíos? / 43 y 48 años.
   너희들의 삼촌 부부는 몇 살입니까?
   →

6. ¿Qué tiempo tiene esta niña? / 3 meses.
   이 여자아이는 태어난지 얼마 되었습니까?
   →

7. ¿Cuántos años tiene su sobrina? / 13 años.
   당신의 조카는 몇 살입니까?
   →

IV. 주어진 단어에 일치하는 소유형용사를 쓰시오.

_________ casa está en la calle del Pino. (Nosotros)

→ Nuestra casa está en la calle del Pino. 우리들의 집은 삐노거리에 있다.

1. _______ padres están ahora en Francia. (Juan)
2. _______ libros están en la mesa. (Ud.)
3. _______ hijos estudian en América. (Vosotros)
4. _______ abuelos comen el pan. (Tú)
5. _______ cuñado se llama Carlos. (Yo)
6. _______ hijo tiene veinte años. (Pedro y Ana)
7. _______ hermanas visitan el museo en Lóndres. (Carmen y yo)

V. 다음 가계도를 보고 질문에 Verdadero(진실) o Falso(거짓)로 답하시오.

Armando-Sara(matrimonio)

Charo-Domingo　　Blas-Eva

Tomás　Verónica　Hugo　Teresa

1. Sara es la madre de Eva.
2. Charo es la hermana de Teresa.
3. Tomás es el hijo de Blas.
4. Hugo es el nieto de Sara.
5. Eva es la madre de Verónica.

6. Hugo es el primo de Tomás.
7. Armando es el abuelo de Domingo.
8. Eva es la hermana de Domingo.
9. Charo es la cuñada de Blas.
10. Domingo es el marido de Eva.

VI. 다음 주어진 단어들을 이용하여 스페인어로 문장을 만드시오.

1. tu, este, coche, es, nuevo (이것은 너의 새로운 자동차이다.)
   →
2. es, jardín, agradable, vuestro (너희들의 정원은 아담하다.)
   →
3. de, Carlos, el, Luisa, es, tío (까를로스는 루이사의 삼촌이다.)
   →
4. amigo, diecisiete, tiene, nuestro, años (우리들의 친구는 17살이다.)
   →
5. Daniel, y, es, Marta, el, Pablo, de, hijo (다니엘은 마르따와 빠블로의 아들이다.)
   →

메스키타 회교사원 (Mezquita, Córdoba)

8세기 말 20세 젊은 나이의 압데라만 왕자는 이슬람 아바스왕조가 저지르는 대량학살과 추적을 피해 알 안달루스(안달루시아)로 피신해 왔다. 꼬르도바를 수도로 삼고 에미르라는 지방 명칭을 거부한 압데라만 1세는 전 세계에 자신의 왕조만이 무함마드의 정통성을 이어간다는 자부심과 신앙심을 알리기 위해 메스키타의 건립을 추진하였다. 이 회교사원을 통해 장차 꼬르도바 칼리프국의 토대를 마련하였다. 그 이후 3회에 걸친 확장사업을 통해 신도 2만 5천여 명을 한꺼번에 수용할 수 있는 매머드급 규모인 메스키타가 완성되었다.

기독교군대가 승리를 거두면서 페르난도왕은 꼬르도바를 점령했을 때 메스키타의 일부를 허물도록 명하였고, 까를로스 5세 때에는 이곳에 무모하게도 르네상스 양식의 예배당을 사원 중앙에 짓도록 허락하였기 때문에 메스키타는 그리스도교와 이슬람교 두 종교가 한 곳에 동거하는 사원이 되었다.

사원 내부로 들어서면 어슴푸레한 빛 속에 넓게 열린 공간이 펼쳐진다. 그 안에서 850여 개의 둥근 기둥과 붉은 색, 흰색 벽돌들이 알록달록 줄무늬를 이루며 연속적으로 이어지는 광경은 모두를 황홀함에 넘치는 무아지경으로 빠져들게 만든다. 기도하는 수평적 공간은 마치 야자나무가 우거진 숲처럼 수많은 아치들로 뒤덮여 있어 '원주의 숲' 또는 '기둥의 숲'이라는 명칭까지 얻었다.

Lección 7 ¿Qué te pasa?

Ana : Javier, necesito un bolígrafo para escribir.
¿Me dejas uno?

Javier : Por supuesto. Es nuevo. No lo pierdas.
Pero ¿para qué lo quieres?

Ana : Es que mis amigas me escriben muchas cartas.
Ellas viven en el extranjero. Quiero contestar sus cartas.

Javier : Bien. Y ahora, ¿qué te pasa?

Ana : No encuentro mi agenda.
Sus direcciones están escritas en la agenda.

Javier : Mira en tu habitación.

Ana : Acabo de mirar.

Javier : Me parece que hay una agenda encima de la mesa.

Ana : Mmm... no, creo que no....
¡Ah sí, aquí está, encima de la mesa!
Pero ahora no encuentro las llaves del coche.

Javier : Mira, hay unas llaves en la mesa del recibidor,
siempre las dejas allí.

Ana : Es verdad, nunca me acuerdo.
A ver... todo está en orden.

Javier : ¿Ya lo tienes todo?

Ana : Sí, creo que sí. ¡Ay, no!
Ahora no encuentro mis gafas de sol.

Javier : Me parece que están en el comedor, al lado del teléfono.

Ana : Ahora sí, ya está. ¡Hasta luego!

Javier : ¡Adiós!

PREGUNTAS

1. ¿Qué pasa?
2. ¿Qué te pasa hoy?
3. ¿Dónde están las llaves?
4. ¿Qué hay en la mesa?
5. ¿Dónde están mis gafas de sol?
6. ¿Me dejas tu bolígrafo?

Lección 7

번역

무슨 일이니?

아나 : 하비에르, 글 쓰는데 볼펜이 필요해! 나에게 하나 줄래?

하비에르 : 물론이지. 새 것이야. 그것을 잃어버리지 마. 그런데 무엇을 위해 그것을 원하니?

아나 : 내 친구들이 나에게 많은 편지들을 써. 그녀들은 외국에서 살아. 난 친구들에게 답장하고 싶어.

하비에르 : 그렇구나. 그리고 지금은 왜 그래?

아나 : 내 수첩을 찾지 못하고 있어. 그녀들의 주소들이 수첩에 적혀 있는데.

하비에르 : 네 방을 보지.

아나 : 이제 막 봤어.

하비에르 : 식탁 위에 수첩이 있다고 생각되는데.

아나 : 음, 아니, 없을 거라고 생각해... 아 그래, 여기 있어, 식탁 위에! 그러나 이제는 자동차 열쇠가 없어.

하비에르 : 이봐, 대기실 식탁에 열쇠가 있어, 항상 너는 열쇠를 거기 놔두잖아.

아나 : 맞아, 전혀 기억이 안 나는데. 보자... 모두가 그대로 있구나.

하비에르 : 이제는 모두 챙겼니?

아나 : 응, 그렇다고 생각해. 아이, 안돼! 이제는 내 선글라스가 없어.

하비에르 : 식당, 전화 옆에 있다고 생각 되는구나.

아나 : 이제는 됐어, 다 됐어. 나중에 보자!

하비에르 : 안녕!

Contenidos gramaticales

1 제3변화 규칙동사(-ir)형의 직설법 현재

어간에 -o, -es, -e, imos, -ís, -en을 붙여 인칭변화를 한다.

(Yo)	어간 + o	(Nosotros)	어간 + imos
(Tú)	어간 + es	(Vosotros)	어간 + ís
(Él / Ella / Ud.)	어간 + e	(Ellos / Ellas / Uds.)	어간 + en

Vivir(살다)

(Yo)	vivo	(Nosotros)	vivimos
(Tu)	vives	(Vosotros)	vivís
(Él / Ella / Ud.)	vive	(Ellos / Ellas / Uds.)	viven

*escribir, recibir, repartir, abrir, sufrir, cubrir, compartir 등이 제3변화 규칙동사에 속한다.

Vivo en un apartamento. 나는 아파트에 산다.

El camarero abre la puerta. 종업원이 문을 연다.

Rosa escribe una carta con el lápiz. 로사는 연필로 편지를 쓴다.

El profesor reparte los exámenes a los alumnos.
선생님은 학생들에게 시험지를 나누어준다.

Mi madre cubre la mesa con un mantel. 나의 어머니는 식탁을 식탁보로 덮는다.

Vuestro amigo recibe muchas cartas de su familia.
너희들의 친구는 그의 가족으로부터 편지를 많이 받는다.

2 추측 · 예견을 내포하는 구문(Probabilidad)

Creo que ~ Me parece que~	~라고 생각한다.

Práctica

I. A : ¿Las patatas se llaman papas en Latinoamérica?
라틴아메리카에서 감자를 papas라고 부릅니까?
B : Creo que sí.
Me parece que sí. 그렇다고 생각한다.

II. A : ¿Por qué no viene Andrés a clase? 왜 안드레스가 수업에 안 오나요?
B : Creo que está enfermo.
Me parece que está enfermo. 그가 아프다고 생각한다.

3 Acabar de + 동사원형 (방금 ~을 끝내다)

구문의 형태와는 상관없이 의미는 지금 막 끝난 것을 나타낸다.

Acabo de llegar a casa. 나는 집에 이제 막 도착했다.
Acabamos de hacer el examen de inglés. 우리들은 이제 막 영어시험을 봤다.
Acaban de entender el significado de la palabra “bigote”.
그들은 이제 막 “콧수염”이란 단어의 뜻을 이해했다.

4 직접 목적 대명사

동사의 목적어에서 타동사의 행위 대상은 직접목적어(~를)라고 하며, 간접목적어(~에게)는 동사의 동작 결과에 해당하는 당사자를 지칭한다. 그런데 스페인어에는 한

번 사용한 목적어를 반복하지 않고 대신하여 언급할 수 있는 대명사를 '목적 대명사'라고 부른다. 동사 뒤에 위치하는 직접 목적어는, 사람인 경우에는 전치사 a를 놓는다. 이에 반해 직접 목적 대명사는 동사 앞에 위치하고, 긍정명령, 동사원형, 현재분사에서는 동사에 직접 붙여 쓴다.

주격 대명사	직접 목적 대명사
yo	me
tú	te
él / ella / usted	(남성단수) lo, le / (여성단수) la
nosotros / as	nos
vosotros / as	os
ellos / ellas / ustedes	(남성복수) los, les / (여성복수) las

* 3인칭 직접 목적 대명사는 남성인 사람을 대상으로 할 경우 스페인에서는 le, les를 선호하지만, 중남미에서는 lo, los를 사용한다. 그러나 남성인 사물을 대상으로 할 경우는 lo, los로 표현한다.

Rosa visita a Antonio. 로사는 안또니오를 방문한다.
→ Rosa lo visita. / Rosa le visita.

José pinta la puerta. 호세는 문을 칠한다.
→ José la pinta.

Nosotros llevamos las gafas. 우리들은 안경을 쓴다.
→ Nosotros las llevamos.

Cecilia necesita la pluma. 세실리아는 펜이 필요하다.
→ Cecilia la necesita.

Yo compro la leche. 나는 우유를 산다.
→ Yo la compro.

Ud. quiere estudiar el chino. 당신은 중국어를 공부하기를 원한다.
→ Ud. quiere estudiarlo.

Ellos saludan a sus padres. 그들은 그들의 부모님에게 인사한다.
→ Ellos los saludan. / Ellos les saludan

Nosotros recomendamos este hotel. 우리들은 이 호텔을 추천한다.
→ Nosotros lo recomendamos.

5 숫자(101~1.000.000)

101	ciento uno	200	doscientos, -as
212	doscientos doce	300	trescientos, -as
500	quinientos, -as	600	seiscientos, -as
700	setecientos, -as	777	setecientos setenta y siete
800	ochocientos, -as	900	novecientos, -as
1.000	mil	2.000	dos mil
10.000	diez mil	100.000	cien mil
1.000.000	un millón		

* 1.000은 un mil이라고 하지 않고 mil이라고 하며 복수형에는 miles라고 하지 않고 dos mil, tres mil, ...이라고 한다.

Contentidos culturales

문화 엿보기

■ 팁(Propina): ¿Quién invita a quién?(누가 누구를 초대하는가?)

팁 문화가 정착되지 않은 곳의 사람들은 팁 문화가 일상적인 지역에서 지불해야 되는 가격에 얼마만큼의 팁을 얹어줘야 되는지 몰라 당황하는 경우를 겪게 된다. 팁을 하나의 사회적 매너처럼 여기는 유럽 국가들처럼 스페인도 '당신의 서비스가 좋았습니다'라는 고마움의 표현으로서 팁을 주는 문화를 갖고 있다. 사소한 가격부터 시작한다면, 택시를 이용할 때, 음료수를 마실 때, 화장실을 이용할 때, 영화관에서 자리를 안내 받을 때 등 사람들이 팁을 주는 것을 흔히 볼 수 있다. 그러다보니 동양인이 매너가 없다는 눈총을 안 받기위해 솔선수범하여 매 순간마다 팁을 계산하고 나서 양심대로 행동했는가 하고 자문하게 된다. 그곳에서는 마음 내키는 대로 하면 된다지만 항상 마음이 개운하지 못한 것은 팁을 주는 것에 익숙하지 않기 때문이다.

한편, 스페인어권 지역에서 때때로 식당에서 음식 계산을 할 때 서로 가격을 치루겠다고 논쟁하거나 종업원에게 신용카드를 먼저 받으라고 실랑이를 벌려 식당측을 난감하게 만드는 광경을 보는 것은 이상한 일이 아니다. 이러한 소모전을 없애기 위해 여러 해결책이 제시되는 가운데, 한 사람은 식사비용, 다른 사람들은 커피, 시가, 2차로 이어지는 비용 등으로 합의를 이끌어내는 지혜를 발휘하기도 한다. 그렇다면 "누가 누구를 초대했나?(¿Quién invita a quién?)"라고 물으면 정답이 안 나온다. 이때, 재치있는 종업원이라면 다수의 그룹을 상대할 때 "누가 나에게 팁(Propina)을 더 줄 것인가?(¿Quién me va a dejar más propina?)"를 알고 행동하면 누가 식사를 초대하는 주인공이 될지가 분명해질 것이다.

Ejercicios

I. 다음 문장을 Me parece que~ 구문을 사용하여 답하시오.

¿Cómo es esta casa? / agradable → Me parece que es agradable.
이 집은 어떻습니까? 아담하다고 생각됩니다.

1. ¿Cómo es esta película? / aburrida

   →

2. ¿Cómo son estos libros? / interesantes

   →

3. ¿Cómo es este piso? / cómodo

   →

4. ¿Cómo es esta calle? / ruidosa

   →

5. ¿Cómo es el vino? / bueno

   →

6. ¿Cómo son aquellos cuadros? / modernos

   →

7. ¿Cómo es aquella habitación? / pequeña

   →

II. 주어에 따라 acabar동사를 사용하시오.

1. (Ellas) ________ de llamar a Nieves por teléfono

2. (Yo) _______ de tomar la cerveza.

3. (Vosotros) _______ de comprar las gomas.

4. (Tú) _______ de lavar las uvas.

5. (Nosotros) _______ de medir la ventana.

6. (Ellos) _______ de comer los bocadillos.

III. 다음 단어를 직접 목적 대명사로 사용하시오.

Los platos → los lavamos.

1. La televisión → _______ vemos.
2. Unas revistas → _______ leo.
3. Las naranjas → _______ comes.
4. Un coche → _______ conduces.
5. La música → _______ escucháis.
6. El pan → _______ comen.
7. El pescado → _______ limpio.

IV. 다음 문장을 직접 목적 대명사로 나타내시오.

Hacemos los deberes. → Los hacemos.
우리는 숙제를 한다.

1. Escuchamos la radio. 우리는 라디오를 듣는다.

   →

2. Compramos una novela. 우리는 소설을 산다.

   →

3. Lavan el coche. 그들은 자동차를 청소한다.

→

4. Abrimos la cortina. 우리는 커튼을 연다.

→

5. Carlos calienta la leche. 까를로스는 우유를 데운다.

→

6. El padre compra un juguete. 아버지는 장남감을 산다.

→

7. Su abuela come la naranja. 그의 할머니는 오렌지를 먹는다.

→

8. Ellos cierran las ventanas. 그들은 창문들을 닫는다.

→

9. Queremos estudiar la historia y la cultura. 우리는 역사와 문화를 공부하기를 원한다.

→

10. Tu amigo visita el castillo. 너의 친구는 성을 방문한다.

→

V. 다음 문장을 직접 목적 대명사를 사용하여 답하시오.

¿Visitas hoy a Juan? → Sí, lo visito. 네, 나는 그를 방문합니다.
너는 오늘 후안을 방문하니? No, no lo visito. 아니요, 나는 그를 방문하지 않습니다.

1. ¿Ayudan los vecinos esta tarde a vosotros? / Sí. →

   오늘 오후 이웃들은 너희들을 돕습니까?

2. ¿Saludamos al profesor? / Sí. →

   우리들은 선생님에게 인사합니까?

3. ¿Esperas al señor Kim? / No. →

   너는 김씨를 기다리니?

4. ¿Estudia Carmen japonés? / No. →

   까르멘은 일본어를 공부합니까?

5. ¿Toma usted un café? / Sí →

   당신은 커피를 마십니까?

6. ¿Tocáis el piano? / No. →

   너희들은 피아노를 연주합니까?

7. ¿Visitas a tu abuela? / Sí. →

   너는 너의 할머니를 방문하니?

VI. 다음 숫자들을 스페인어로 쓰시오.

18.000 libros → dieciocho mil libros

1. 101 personas 사람들 →
2. 212 cines 영화관들 →
3. 777 wones 원 →
4. 500 zapatos 신발들 →
5. 1.000 señoritas 아가씨들 →
6. 990 sillas 의자들 →
7. 20.000 vacas 소들 →
8. 10.001 chicas 여자아이들 →

플라멩꼬 (Flamenco)

예술적 표현으로 플라멩꼬는 노래 · 춤 · 음악적 기교가 융합된 산물이며, 이 세 가지는 함께 또는 개별적으로 연행할 수도 있다. 플라멩코는 스페인 남부의 무형문화유산 중 가장 중요하고, 대표적인 특유한 문화적 현상이다. 무엇보다도 세계적인 스페인 문화의 고유함을 나타내는 유산이다. 원래 플라멩꼬는 스페인 남부 안달루시아 지방에서 발달했지만, 그 기원은 멀리 인도, 아랍 또는 그레고리안 성가 등에서 전해졌다는 설이 있다. 히따노(Gitano)라고 불리는 집시들은 그들 고유의 음악과 스페인 남부 안달루시아의 음악을 흡수하여 플라멩꼬 음악을 만들어 냈고 집시들의 생활에서 겪는 열정, 구애, 슬픔과 기쁨 등 여러 상황을 남에게 보이기 위해서가 아니라, 추지 않고는 견딜 수 없는 자신의 심경을 위하여 추는 춤으로서 승화시켰다. 플라멩꼬 춤에서 남성은 발을 더 많이 사용하지만, 반면 여성은 더욱 부드럽고 관능적으로 움직인다. 또한, 플라멩코 춤은 음악과 안무가 구성된 것인지, 즉흥적인지, 어떠한 지역 유파에 속하는지, 내용이 흥겨운지 극적인지에 따라 다양한 모습으로 나타난다.

Lección 8 ¿Comemos en el Restaurante?

Luis :	¿Comemos hoy en el restaurante?
Isabel :	Estupendo. ¿Dónde?
Luis :	Conozco un restaurante con comida deliciosa cerca de aquí. Saben cocinar bien. (En el restaurante)
Luis :	Una mesa para dos, por favor.
Camarero :	La mesa del rincón está libre.
Luis :	Gracias. ¿Nos puede traer la carta?
Camarero :	Aquí la tiene. ¿Qué desean comer?
Luis :	De primero, una ensalada mixta. ¿Y tú, Isabel?
Isabel :	Para mí, no sé qué tomar. ¿Cuál es la especialidad de la casa?
Camarero :	Le recomiendo una paella. Es especialidad de la casa. Está muy buena.
Isabel :	Entonces, tomo paella.
Luis :	De segundo, me trae pollo con patatas. Y tú, ¿qué quieres?

Isabel : Pues, me trae merluza con guisantes, por favor.
Pero con poca sal. No quiero la comida salada.

Camarero : ¿Qué quieren tomar de postre?
Tenemos fruta del tiempo y helados.

Luis : Para mí, fruta del tiempo, por favor.

Isabel : Yo, un helado de chocolate.

Camarero : Y de beber, ¿qué desean tomar?

Luis : ¿Te parece bien vino de la casa.?

Isabel : Ah, muy bien.

PREGUNTAS

1. ¿Dónde comemos?
2. ¿Qué me recomienda usted?
3. ¿Qué toma de primero?
4. ¿Nos trae la carta, por favor?
5. ¿Qué desean comer?
6. ¿Qué van a tomar de postre?

Lección 8

번역

우리, 식당에서 식사할까요?

루이스: 오늘 우리 식당에서 식사할까?

이사벨: 좋지. 어디서?

루이스: 나는 이 근처 좋고 싼 식당 하나를 알고 있어.
요리를 잘할 줄 알아.

(식당에서)

루이스: 2인을 위한 식탁, 부탁합니다.

종업원: 구석의 식탁이 비어 있습니다.

루이스: 고맙습니다. 우리에게 메뉴판을 가져올 수 있습니까?

종업원: 여기 있습니다. 무엇을 드시고 싶습니까?

루이스: 첫 번째 코스로, 야채 샐러드. 그리고 넌, 이사벨?

이사벨: 나는, 무엇을 먹을까 모르겠네.
이 식당의 특별 요리가 무엇인가요?

종업원: 당신에게 빠에야를 권합니다.
이 집의 특별 요리입니다. 아주 맛있습니다.

이사벨: 그렇다면, 빠에야를 먹겠습니다.

루이스: 두 번째 코스로, 나에게는 감자를 곁들인 닭요리를 갖다 주세요.
그리고 넌, 무엇을 원하니?

이사벨: 음, 콩을 곁들인 대구요리를 갖다 주세요.
그러나 소금은 조금 넣었으면 합니다. 전 짠 음식을 안 좋아합니다.

종업원: 후식으론 무엇을 원하십니까?
제철 과일과 아이스크림이 있습니다.

루이스: 전, 제철 과일, 부탁합니다.

이사벨: 전, 초콜릿 아이스크림.

종업원: 그리고 마실 것으로, 무엇을 드시겠습니까?

루이스: 식당에서 빚은 포도주는 어때?

이사벨: 아, 매우 좋아.

Contenidos gramaticales

1 전치격 대명사

전치사 뒤에 사용하는 대명사를 나타낸다.

주격 대명사	전치격 대명사	주격 대명사	전치격 대명사
yo	mí	nosotros / -as	nosotros / -as
tú	ti	vosotros / -s	vosotros / -s
él / ella / usted	él / ella / usted	ellos / ellas / ustedes	ellos / ellas / ustedes

* 3인칭에 있어서, 주어와 전치사의 대상자가 동일한 경우에는 자기 또는 그 사람 자신을 sí로 표기한다. 또한 전치사 con 뒤에서 mí, ti, sí는 conmigo, contigo, consigo로 나타낸다.

Son los regalos para usted. 당신을 위한 선물들입니다.
Hablan de ti. 그들은 너에 대해 말합니다.
Vosotros queréis ir a su casa consigo. 너희들은 그와 함께 그의 집에 가길 원한다.
El se pone de pie delante de mí. 그는 내 앞에 서 있다.
Esta carta es de ella. 이 편지는 그녀로부터 온 것이다.

2 목적어가 되는 동사원형(본동사 + 동사원형)

동사원형은 형태상 본동사의 목적어가 되기에 시제, 인칭의 변화를 따르지 않는다. 본동사에는 querer, deber, desear, gustar, necesitar, pensar, poder, preferir, saber 등이 있다.

¿Desea tomar una cerveza? 맥주 하나 드시기를 원합니까?

Queremos visitar el museo de Prado en Madrid.
우리는 마드리드에서 쁘라도 박물관을 방문하고 싶습니다.

Necesito tener información sobre los cursos de español.
나는 스페인어 과정에 관한 정보를 갖는 것이 필요합니다.

¿Puedo abrir la ventana? 나는 창문을 열어도 될까요?

Sabes tocar la guitarra. 너는 기타를 연주할 줄 안다.

3 동사 + a + 동사원형(전치사 a를 수반하는 동사)

전치사 a와 동사원형을 수반하는 동사로 aprender, comenzar, enseñar, ir, ponerse, volver 등이 있다.

Juan aprende a hablar inglés. 후안은 영어 말하는 것을 배운다.
Nosotros comenzamos a cenar en casa. 우리들은 집에서 저녁식사를 시작한다.
Vamos a jugar al fútbol. 우리들은 축구를 할 것이다.
Mi amiga enseña a bailar el tango. 내 친구는 탱고를 추는 것을 가르친다.
Los niños vuelven a leer el libro. 아이들은 책을 다시 읽는다.

4 1인칭 불규칙 동사

불규칙 동사 중에서도 독특하게 1인칭에서만 불규칙한 경우로 conocer, poner, hacer, salir, saber 등이 있다.

conocer(알다)	poner(놓다)	saber(알다)	hacer(하다)	salir(나가다)
conozco	pongo	sé	hago	salgo
conoces	pones	sabes	haces	sales
conoce	pone	sabe	hace	sale
conocemos	ponemos	sabemos	hacemos	salimos
conocéis	ponéis	sabéis	hacéis	salís
conocen	ponen	saben	hacen	salen

* 1인칭이 -go로 끝나는 불규칙동사에는 tener(tengo), venir(vengo), decir(digo), caer(caigo), oir(oigo), traer(traigo) 등이 있다.

5 서수(1~10)

서수는 형용사 또는 명사로 사용한다.

첫 번째의	primero / a	두 번째의	segundo / a
세 번째의	tercero / a	네 번째의	cuarto / a
다섯 번째의	quinto / a	여섯 번째의	sexto / a
일곱 번째의	séptimo / a	여덟 번째의	octavo / a
아홉 번째의	noveno / a	열 번째의	décimo / a
열한 번째의	undécimo / a	열두 번째의	duodécimo / a

Carlos II (Segundo) 까를로스 2세

el siglo XXI(veintiuno) 21세기 : 10 이상의 수부터는 기수로 표현한다.

6 유익한 식사용어(palabras útiles para la comida)

primer plato	첫 번째 요리	segundo plato	두 번째 요리
el postre	후식	la jarra de agua	물 담긴 호리병
la copa	컵, 술잔	la sal	소금
la pimienta	후추	la cuchara	숟가락, 스푼
el cuchillo	칼, 나이프	el tenedor	포크
la cucharita	티스푼	la servilleta	네프킨
el mantel	테이블보	el plato	그릇
el vaso	컵	el agua	물
el vino	포도주	el pan	빵
la cuenta	계산서	la propina	팁

Contentidos culturales

문화 엿보기

■ 스페인 음식

스페인은 지방마다 아주 다양한 요리가 있다. 대개 기후나 지역적 특성에 따라 다르지만, 지중해연안에는 유독 해물 요리가 발달되어 있어 지중해를 끼고 있는 본연의 특색을 잘 드러낸다. 북부지방은 육류가 좀 더 많이 식탁에 올라오는 경향을 보이며 반대로 남부지방은 지중해성 식단으로 해물이나 채소가 더 많이 포함되는 편이다. 스페인 역사를 볼 때 여러 민족의 영향을 받은 탓으로 음식들은 독특한 요리법과 조리법, 향을 가지고 있다. 또한 라틴아메리카를 비롯한 대부분 스페인어권 지역의 토속적인 음식들은 스페인요리의 영향을 절대적으로 받고 있다.

- 빠에야(Paella)

라틴어 patella에서 유래한 빠에야는 스페인 대표적인 음식에 해당되지만, 엄밀하게는 발렌시아 지방을 대표하는 음식이다. 발렌시아어로 빠에야는 '프라이팬'을 의미한다. 빠에야를 담는 프라이팬은 일반적인 것이 아니라 그림에서 보이는 것처럼 얇고 둥근 형태에 양쪽에 손잡이가 달린 프라이팬을 가리킨다. 이러한 얇은 팬에 사프란이나 토마토, 마늘, 고추 등을 양념으로 첨가하기 때문에 향이 독특한 것이 특징이다. 빠에야 특유의 노란색 밥알은 샤프란의 색에서 우러나온 것이다. 대부분 음식점에서도 빠에야를 제공하는 곳이 많을 정도로 이 노란 밥은 현재 스페인 곳곳으로 퍼져나갔다. 또한, 스페인이 세계 여러 지역에 식민지를 두었을 때 이 음식이 소개된 후, 빠에야 조리법이 변형되어 현지식으로 정착된 곳이 많다.

〈발렌시아 지방의 빠에야〉

- 하몬 세라노(Jamón serrano)와 하몬 이베리코(Jamón ibérico)

스페인의 전통음식인 하몬은 돼지의 넓적다리를 소금에 절여 장기간 숙성한 일종의 햄이다. 스페인 거리 곳곳에는 하몬 전문점이 넘치고, 사람들은 하몬 몇 조각과 빵, 와인 한잔으로 끼니를 때우기도 한다. 스페인의 마트에선 몽땅 다리채로 팔기도 하고, 슬라이스로 얇게 썰어 팩안에 담아 팔기도 한다. 여러 종류의 하몬이 있는데, 돼지를 사육할 때, 오로지 도토리만 먹여서 키웠다면 스페인인들이 사랑하는 음식인 하몬 이베리코(Jamón ibérico)가 된다. 주요 생산지인 안달루시아 하부고(Jabugo) 지역은 해발 600m에 위치한 곳으로, 눈이 오지 않는 겨울, 덥고 습한 여름, 대서양에서 불어오는 바람 덕분으로 최적의 기후 조건을 지니고 있다. 따라서 이 곳은 돼지를 키우고 고기를 건조, 숙성시키는 데 아주 적합한 지역으로 알려져 있다.

〈Jamonería, 하몬 가게〉

Ejercicios

I. 다음 문장을 전치격 대명사를 사용하여 답하시오.

> ¿Estás contento conmigo? / Sí. → Sí, estoy contento contigo.
> 너는 나에게 만족하니? 응, 난 너에게 만족한다.

1. ¿Son de ustedes estos abrigos? / Sí. 이 외투들은 당신들 것입니까?

   →

2. ¿Es esta carta para mí? / No. 이 편지는 나에게 온 것입니까?

   →

3. ¿Es este sombrero para ti? / Sí. 이 모자는 너를 위한 것이니?

   →

4. ¿Tiene ella una caja delante de sí? / Sí. 그녀는 자신 앞에 상자를 갖고 있습니까?

   →

5. ¿Quieres hablar con nosotros? / No. 너는 우리들과 말하기를 원하니?

   →

6. ¿Quieres venir aquí conmigo? / No. 너는 나와 함께 여기 오기를 원하니?

   →

7. ¿Puedo llevar el perro conmigo? / Sí. 나는 개를 나와 함께 데리고 갈 수 있습니까?

   →

II. 다음 예문과 같이 전치격 대명사를 사용하여 답하시오.

¿Para quién es este helado? / usted. → Este helado es para usted.
이 아이스크림은 누구를 위한 것입니까? 이 아이스크림은 당신을 위한 것입니다.

1. ¿Para quién es el reloj? / ella. 이 시계는 누구를 위한 것입니까?

   →

2. ¿De quién habláis? / tú. 너희들은 누구에 대해 말합니까?

   →

3. ¿De quién es este diccionario? / él. 이 사전은 누구의 것입니까?

   →

4. ¿Con quién tienes la cita? / ellos. 너는 누구와 약속이 있니?

   →

5. ¿A quién esperan ellos? / yo. 그들은 누구를 기다립니까?

   →

6. ¿Para quién es esta carta? / usted. 이 편지는 누구에게 온 것입니까?

   →

7. ¿Con quién comen los niños? / nosotros. 아이들은 누구들과 함께 식사합니까?

   →

III. 다음 문장에 답하시오.

¿Deseas tener la casa? / Sí. → Sí, deseo tener la casa.
너는 집을 갖기를 원하니? 네, 나는 집을 갖고 싶습니다.

1. ¿Quieres ir a la oficina de correos? / Sí. 너는 우체국으로 가길 원하니?

   →

2. ¿Desea usted ir al extranjero? / No. 당신은 외국으로 가기를 원합니까?

→

3. ¿Podemos hacer el viaje? / No. 우리들은 여행해도 되겠습니까?

→

4. ¿Esperas aprobar el examen? / Sí. 너는 시험에 합격하는 것을 기대하니?

→

5. ¿Piensan ustedes tomar el barco? / No. 당신들은 배를 타려고 생각합니까?

→

6. ¿Sabes hablar español? / Sí. 너는 스페인어를 말할 줄 아니?

→

7. ¿Prefieres tomar una taza de té? / No. 너는 차 한 잔을 마시고 싶니?

→

IV. 밑줄 친 부분에 대해 질문을 만드시오.

Enrique abre la puerta. → ¿Quién abre la puerta?
엔리께는 문을 엽니다. 누가 문을 엽니까?

José escribe a Felipe. → ¿A quién escribe José?
호세는 펠리뻬에게 글을 쓴다. 호세는 누구에게 글을 씁니까?

1. Los niños nadan en el río. 아이들은 강에서 수영한다.

→

2. Roberto saluda a Carmen. 로베르또는 까르멘에게 인사한다.

→

3. Ángel ve a sus compañeros. 앙헬은 그의 동료들을 본다.

→

4. Luisa espera el autobús. 루이사는 버스를 기다린다.

→

5. María espera a Miguel. 마리아는 미겔을 기다린다.

→

6. Pepita ve una película en el cine. 뻬삐따는 영화관에서 영화를 본다.

→

V. 다음 동사원형을 직설법 현재형으로 바꾸시오.

Yo *recordar* mi infancia. 나는 나의 유년기를 기억한다.
→ (Yo) Recuerdo mi infancia.

1. Ud. *poder* comprar el billete mañana. 당신은 내일 표를 살 수 있다.

→

2. ¿Cuándo *salir* vosotros? 너희들은 언제 나갈거니?

→

3. Este traje *costar* 70 euros. 이 옷은 70유로이다.

→

4. Nosotros *volver* a casa a las 10. 우리들은 집에 10시에 돌아온다.

→

5. Vosotros *recordar* vuestra juventud. 너희들은 너희들의 청년기를 기억한다.

→

6. Uds. *poder* ver a Teresa. 당신들은 떼레사를 볼 수 있다.

→

7. Este coche *costar* muy caro. 이 자동차는 매우 비싸다.

→

VI. 다음 단어들을 순서대로 정돈하여 문장을 만드시오.

1. barato, un, tú, restaurante, conoces (너는 싼 식당을 안다.)

   →

2. tener, una, desean, casa, ellos (그들은 집 한 채를 갖고 싶어 한다.)

   →

3. tiempo, tomamos, del, las, nosotros, frutas (우리들은 제철 과일들을 먹는다.)

   →

4. comidas, no, las, quiero, saladas (나는 짠 음식들을 싫어한다.)

   →

5. está, aquella, libre, ahora, mesa (현재 저 식탁이 비어 있다.)

   →

세르반테스, 마드리드 스페인 광장
(Miguel de Cervantes, Plaza de España)

마드리드의 최고 번화가 그란비아(la Gran Vía)가 시작되는 스페인 광장은 마치 도심 속의 시민 공원에서 휴식을 취하는 장소처럼 사람들은 풀밭에 눕거나 벤치에서 여유로운 시간을 보낸다. 그 광장 한복판에 전 세계에서 성경 다음으로 많이 읽히고 있는 세계의 명작 '돈키호테'의 저자 세르반테스의 기념탑이 있다. 서거 300주년을 기념하여 세운 것으로서 기념비 앞에 스페인의 대표적인 소설가이자 시인이자 극작가인 미겔 데 세르반테스(1547~1616)의 동상이 앉은 채로 있고, 아래에는 소설 속의 두 주인공인, 삐쭉 마른 말 로시난테를 타고 있는 돈키호테(Don Quijote)와 당나귀를 탄 뚱뚱한 산초 판사(Sancho Panza) 동상이 있다. 그의 대표작 '돈키호테'는 많은 사람에게 첫 근대 소설로서 단순 풍자 소설이 아니라 '진정으로 인간을 그린 최초이자 최고의 소설'이라는 평가를 받고 있다.

가난한 귀족으로 태어난 세르반테스는 1571년에는 자신이 "일생에서 가장 영광스러웠던 활동"이라고 썼던 레판토 해전에 참전하여 왼팔을 잃어 '레판토의 외팔이'라는 별명을 얻게 되었다. 이 장애로 인해 평생 고초를 겪으며 살다가 죽었는데, 불후의 명작 《돈키호테》를 쓰고 세상을 떠난 후에야 비로소 명성을 얻었다.

Lección 9 ¿A qué hora es?

Antonio : Sara, por favor, ¿me ayudas para completar el horario?

Sara : Claro. A ver. Hay muchas asignaturas.

Antonio : ¿Cuándo tenemos historia?

Sara : Los lunes a las once y media y los jueves a las doce y media.

Antonio : Gracias. ¡Ah! Y el recreo, a qué hora es?
Pues, para mí es muy muy...importante el recreo.

Sara : Estoy de acuerdo.
Además, es bueno tomarse de vez en cuando un descanso, ¿no?
El recreo es de once a once y media. Oye, ¿y qué tenemos los martes?

Antonio : Tenemos ... ah, sí, inglés e informática.
Tengo mucho interés en la informática, pero en el inglés, no tanto.

Sara : Pues a mí, al revés. Quiero aprender más el inglés.

Antonio : ¿Sabes qué hora es?

Sara : Sí, son las tres y cuarto. Ah, tenemos conversación a las tres y media.

Antonio : Entonces, todavía tenemos unos minutos para la clase.

Sara : Entonces, voy al baño.

Antonio : Bueno, pero de prisa. Dentro de un rato empieza la clase. Ya sabes que el profesor es muy puntual.

PREGUNTAS

1. ¿Qué hora es ahora?
2. ¿A qué hora es la clase?
3. ¿A qué hora es el recreo?
4. ¿Cuánto dura el recreo?
5. ¿Qué hora tiene usted?
6. ¿Cuándo tenemos inglés?

Lección 9

번역

몇 시에 있습니까?

안또니오 : 사라, 시간표 완성하는데 나를 도와주겠니?

사라 : 물론이지. 보자. 과목들이 많구나.

안또니오 : 언제 역사가 있지?

사라 : 월요일 11시 반 그리고 목요일 12시 반.

안또니오 : 고마워. 아! 그리고 휴식은 몇 시에 있니? 나에게 휴식은 매우 매우... 중요해.

사라 : 나도 네 생각과 같아. 게다가, 때때로 휴식을 취하는 것은 좋지, 안 그래? 휴식은 11시부터 11시 반까지 있어. 얘, 그런데 화요일에는 우리는 무엇이 있지?

안또니오 : 아, 그래, 우린 영어와 정보통신을 갖고 있어. 나는 정보통신에 관심이 많이 있지만, 영어는 그다지 많진 않아.

사라 : 음 나하고는, 반대구나. 나는 영어를 더 배우기를 원해.

안또니오 : 몇 시인지 아니?

사라 : 응, 3시 15분이네. 아, 우린 3시 반에 회화가 있어.

안또니오 : 그렇다면, 아직 수업까지 몇 분이 남아 있어.

사라 : 그렇다면, 난 화장실에 간다.

안또니오 : 좋아, 그런데 빨리 서둘러. 조금 있으면 수업이 시작돼. 선생님이 매우 시간을 잘 지키는 것을 너도 알고 있잖아.

Contenidos gramaticales

1 간접 목적 대명사

문장에서 타동사의 행위 대상은 직접목적어라고 한다면, 간접목적어는 동사의 동작 결과에 해당하는 당사자를 지칭한다. 간접목적어는 일반적으로 직접목적어 뒤에 사용하며, 전치사 a가 따라 오지만, 동사 앞에 사용될 경우에는 간접목적대명사 + 직접목적대명사라는 순서를 따른다. 또한 한 문장에 간접목적어를 동격의 의미로 반복할 수 있다.

	직접목적어	간접목적어
나를	**me**	나에게
너를	**te**	너에게
그(녀)를 당신을	직·목 lo(le), la / 간·목 le	그(녀)에게, 당신에게
우리들을	**nos**	우리들에게
너희들을	**os**	너희들에게
그(녀)들을, 당신들을	직·목 los(les), las / 간·목 les	그(녀)들에게, 당신들에게

Quiero regalar un sombrero (직·목) a Tito (간·목). 나는 띠또에게 모자를 선물하기를 원한다.

Tú me compras un cuadro. 너는 나에게 그림을 사준다.

→ Tú me lo compras. (me: 간·목 / lo: 직·목)

Ellos le (간·목) compran unos regalos (직·목) al niño (간·목). 그들은 아이에게 선물들을 사준다.

Nosotros les recomendamos este hotel a ustedes.
우리들은 당신들에게 이 호텔을 추천한다.

El autor me presenta su libro a mí. 작가는 나에게 자신의 책을 소개한다.

2 간접목적대명사를 동반하는 Gustar 동사(마음에 들다, 좋다)

Gustar동사(마음에 들다, 좋다)처럼 간접목적어에 해당하는 것이 실제로 해석할 때 주어의 역할을 맡는 동사들이 있다. 문장의 짜임새는 간접목적어 + 동사 + 주어로 표시하지만 번역에 있어서는 간접목적어를 주어처럼 번역한다.

Me		(a mí)
Te	gusta el cine	(a ti)
Le (간접목적대명사)	gusta bailar	(a él / ella / Ud.)
Nos	gustan los libros	(a nosotros)
Os		(a vosotros)
Les		(a ellos / ellas / Uds.)

Me gusta la música clásica. 나는 클래식음악을 좋아한다.

Me gusta escuchar la música ligera. 나는 경음악을 듣는 것이 좋다.

No te gustan los animales. 너는 동물들을 좋아하지 않는다.

Nos gusta jugar al fútbol. 우리는 축구하는 것을 좋아한다.

No os gusta trabajar muy tarde. 너희들은 매우 늦게 일하는 것을 좋아하지 않는다.

Le gusta el plato español. 당신은 스페인 요리를 좋아한다.

* Gustar동사처럼 주어와 목적어의 역할이 바뀌는 동사로 faltar, parecer, encantar, pasar, interesar, doler 등이 있다.

Me encanta comer los platos franceses. 나는 프랑스 요리들을 먹는 것을 즐긴다.

¿Le parece mal tomar algo caliente? 당신은 뜨거운 것을 먹는 것이 나쁘다고 여깁니까?

Nos interesa mucho el negocio. 우리는 사업에 관심이 많다.

Os falta la paciencia para terminar el trabajo.
너희들은 일을 끝내기 위한 인내심이 부족하다.

3 시간 표현(La hora)

Ser동사	정관사	시간	접속사	분
es / son	la / las	숫자	y / menos	숫자

시간은 여성이기에 정관사 la 또는 las으로 표현한다. 따라서 시간을 표현할 때에는 Ser동사 3인칭형에 여성정관사인 la/las를 사용하며 시간을 나타내는 숫자, 즉 기수로 표시한다. 즉, Ser + la/las + 숫자로 표시하며, 시간과 분을 나타낼 때는 접속사 y로 연결한다. 31분부터의 시각은 〈~분 전〉으로 표현하며 연결 접속사로 menos를 쓴다. 15분은 cuarto, 30분 media로 표시한다.

cuarto 15분

media 30분

¿Qué hora es? 몇 시입니까?

¿A qué hora es? 몇 시에 있습니까?

¿A qué hora es la clase? 수업은 몇 시에 있습니까?

Es la una. 1시입니다.

Es la una y cuarto. 1시 15분입니다.

Es la una menos cuarto. 1시 15분전 입니다.

Son las dos y media. 2시 반입니다.

Son las dos menos veinte. 2시 20분전 입니다.

Son las seis. 6시입니다.

Son las seis y diez. 6시 10분입니다.

Son las doce menos dos. 12시 2분전 입니다.

Son las quince menos veinte. 오후 3시 20분전 입니다.

4 〈~시에〉

시간상 위치를 표시할 때에는 전치사 a를 사용한다.

¿A qué hora sale el tren para Barcelona? 바르셀로나행 기차는 몇 시에 출발합니까?

A mediodía llegan sus padres. 정오에 당신들 부모님이 도착한다.

La clase de español es a las dos y media. 스페인어 수업은 2시 반에 있다.

La cena es a las nueve en España. 스페인에서 저녁은 9시에 있다.

La película es a las diecinueve. 영화는 오후 7시에 있다.

5 시간구분

오전, 오후, 저녁 구분은 de la mañana, de la tarde, de la noche로 나타낸다. 또한 시간의 부사구로 en 또는 por를 사용하여 '오전에', '오후에', '저녁에'를 구분할 수 있다.

en / por la mañana 오전에

en / por la tarde 오후에

en / por la noche 저녁에

El almuerzo es a las dos de la tarde en España. 스페인에서 점심은 오후 2시에 있다.

La biblioteca abre a las diez de la mañana. 도서관은 오전 10시에 연다.

La corrida de toros empieza a las cuatro de la tarde. 투우는 오후 4시에 시작한다.

Volvemos al hotel por la tarde. 우리는 오후에 호텔로 돌아간다.

El tren llega a Busan por la noche. 기차는 부산에 밤에 도착한다.

6 요일 표현

반복되는 요일에는 복수형으로 표시한다. 단, 월요일~금요일은 단어가 -es로 끝나고 있어 단수·복수형이 동일하나, 토요일, 일요일에는 -s를 덧붙여 복수형을 만든다. 일반적으로 ser동사의 보어로 사용할 때는 관사를 표시하지 않는다.

¿Qué día es hoy? 오늘은 무슨 요일입니까?	Hoy es	lunes (월요일) martes (화요일) miércoles (수요일) jueves (목요일) viernes (금요일) sábado (토요일) domingo (일요일)

Hoy es sábado. 오늘은 토요일입니다.
Los domingos vemos una película. 일요일에는 우리들은 영화를 본다.
Los jueves cogen el tren. 목요일에는 그들은 기차를 탄다.
Marisol llega este viernes. 마리솔은 이번 금요일에 도착한다.
Los lunes comes en casa. 월요일에는 너는 집에서 식사한다.

Contentidos culturales

문화 엿보기

■ 따빠스(Tapas)

'따파스'(스페인어: tapas)는 tapar 즉 채우다, 덮다를 의미하는 동사에서 유래한 단어이다. 식욕을 돋우어 주는 애피타이저의 일종으로서 바(Bar)나 식당에서 맥주나 간단한 음료수를 주문하면 의례적으로 '따파'라는 간식이 무료로 제공된다. 손바닥보다 작은 그릇에 일인분이 안 되는 음식을 안주처럼 먹게 되는데, 따파로 제공되는 음식종류는 올리브, 치즈, 햄, 빠에야, 오징어튀김 등 무척 다양하다. 오늘날에는 스페인과 북미, 영국 등지의 식당에서 타파스는 전채 요리나 정교한 메뉴 자체로 발전했다. 때론 타파스 예찬론자들은 아주 많은 종류의 타파스를 골고루 주문하여 그것들로 한 끼의 식사를 해결하기도 한다.

타파스의 기원은 스페인 까스띠야 왕국의 알폰소 10세가 간식과 포도주를 먹고 병이 나으면서 시작되었다. 그 이후로 알폰소 10세는 귀빈이 방문할 때마다 포도주를 작은 스낵(tapa)과 함께 내놓도록 명령하였고, 그것이 오늘날 점심, 저녁을 늦게 먹는 스페인어권 지역에서 식사가 나오기 전까지 간단하게 먹는 음식으로 일상화 되었다.

〈스페인 북부 바스크지방의 San Sebastián 도시의 구시가지 바에 나열되어 있는 따빠스〉

이미지 출처: http://es.wikipedia.org/wiki/Archivo:San_Sebastian_Altstadt.jpg

Ejercicios

I. 다음 빈칸에 알맞은 간접 목적 대명사를 쓰시오.

1. Hoy ___________ devolvemos el dinero a usted.
2. Nosotros ___________ preguntamos la dirección al policía.
3. El vendedor ___________ vende el libro a nosotras.
4. El profesor ___________ explica la lección a ti.
5. Ellos siempre ___________ traen flores a mí.
6. La madre ___________ pone el abrigo a su hijo.

II. 다음 예문과 같이 답변하시오.

¿Te gusta la música? / Sí-No 너는 음악을 좋아하니?
→ Sí, me gusta la música. 네, 나는 음악을 좋아합니다.
No, no me gusta la música. 아니오, 나는 음악을 좋아하지 않습니다.

1. ¿Os gustan los pájaros? / Sí 너희들은 새들을 좋아하니?

   →

2. ¿Les gusta a ustedes visitar la catedral? / No
   당신들은 성당을 방문하는 것을 좋아합니까?

   →

3. ¿Te gusta bailar? / Sí 너는 춤추는 것을 좋아하니?

   →

4. ¿ Le gusta a su hijo ir al hospital? / No 당신 아들은 병원가는 것을 좋아합니까?

→

5. ¿Os gusta el invierno? / Sí 너희들은 겨울을 좋아하니?

→

6. ¿ Te gustan los animales? / No 너는 동물들을 좋아하니?

→

III. 다음 문장을 답변하시오.

¿Qué te gusta? / el perro 너는 무엇을 좋아하니?
→ Me gusta el perro. 나는 개를 좋아한다.

1. ¿Qué les gusta a uds.? / la ciudad.

→

2. ¿Qué nos gusta a nosotros? / ir a la playa.

→

3. ¿Qué os gusta a vosotros? / la musica.

→

4. ¿Qué te gusta? / nadar en el mar.

→

5. ¿Qué le gusta a Sr. Sánchez? / el tenis.

→

6. ¿Qué te gusta a ti? / tomar el sol.

→

7. ¿Qué le gusta a Enrique? / el teatro.

→

8. ¿Qué nos gusta? / el deporte

→

IV. 다음 gustar 동사를 이용하여 문장을 만드시오.

(Me / Te / Le / Nos / Os / Les) gusta gustan	los libros. la playa. la ciudad. los helados. los museos. el campo. escribir la carta. la montaña. las flores. explicar la lección.

V. 다음 주어진 조건에 따라 답하시오.

¿Qué hora es? 몇 시입니까? (4 :15)
→ Son las cuatro y cuarto. 4시 15분입니다.

1. ¿Qué hora es? (7 :13) →
2. ¿Qué hora es? (14 :50) →
3. ¿Qué hora es? (23 :15) →
4. ¿Qué hora es? (10 :30) →
5. ¿Qué hora es? (1 :06) →
6. ¿Qué hora es? (6 :40) →

VI. 다음 주어진 시간에 따라 답하시오.

¿A qué hora sale el avión?(9 :30) 몇 시에 비행기는 떠납니까?
→ **Sale a las nueve y media.** 9시 반에 떠납니다.

1. ¿A qué hora sale el avión? (7 :45) →
2. ¿A qué hora sale el avión? (10 :00) →
3. ¿A qué hora sale el avión? (11 :21) →
4. ¿A qué hora sale el avión? (22 :15) →
5. ¿A qué hora sale el avión? (1 :50) →
6. ¿A qué hora sale el avión? (13 :30) →

VII. 다음 시간들을 스페인어로 답하시오.

1. 1시 5분
2. 12시 40분
3. 16시 15분
4. 18시 15분전
5. 20시 30분
6. 22시 18분전
7. 17시 35분
8. 11시 26분

프란시스꼬 데 고야 (Francisco de Goya, 3 de Mayo)

프란시스꼬 데 고야(1746~1828)는 18세기 후반에서 19세기 초반에 걸쳐 활동한 스페인 화가 가운데서 가장 두각을 나타낸 중요한 인물이다. 일반 화가들과 달리, 그는 상류층 귀족들의 후원을 받으며 평생토록 성공적인 삶을 살았다. 고야는 일생 동안 네 명의 전제군주들을 섬기면서 왕실과의 오랜 관계를 유지했다. 초기 작품들은 말년에 두드러지게 나타나는 어두운 화풍과는 대조적으로, 산뜻하고 밝은 느낌을 주었지만, 후기 작품들은 점점 사실적이다 못해 괴기스럽기까지 했다. 1808년 프랑스의 나폴레옹이 스페인을 침략하자, 5월 2일 민족주의자 군중은 프랑스 군대를 상대로 독립 운동을 시작하게 된다. 독립 운동의 전개와 함께 이러한 움직임은 반도 전쟁으로 촉발됐다. 프랑스의 만행에 반감을 가진 고야는 〈1808년 5월 2일〉(1814)과 〈1808년 5월 3일〉(1814) 두 작품을 통해, 프랑스에 대항한 스페인의 봉기를 상징하는 작품을 그렸다. 이 가운데 〈1808년 5월 3일〉은 프랑스 군대가 마드리드 외곽의 한 언덕에서 저지른 스페인 사람들에 대한 무자비한 탄압을 묘사한 것이다.

Lección 10 Ya vivo en el piso

Madre : ¿Diga?

Luis : ¡Hola, mamá! Soy Luis.

Madre : ¡Hola, Luis, hijo! ¿Como estás? ¿Estás bien?
Hace una semana que no llamas a casa.

Luis : Así es mamá, pero estoy perfectamente.
Ya vivo en el piso.

Madre : ¡Qué bien! ¿Te gusta el piso? Y ¿cómo es?

Luis : Claro que me gusta este lugar. Es precioso y grande.
Y tengo una habitación muy agradable para mí solo.

Madre : ¿Es oscura?

Luis : Noooo, no es oscura porque tiene una ventana grande.

Madre : Cuéntame más. ¿Comes bien, hijo? ¿Ya puedes cocinar?

Luis : Bueno, no sé bien cocinar pero puedo preparar algo para mí.
Por lo menos hago comidas todos los días con mis compañeros del piso.

Madre : Con quién compartes piso?

Luis : ¡Ah, sí! Somos cuatro personas : Estrella, de Bilbao; Pietro, de Roma; y Julio, de Mallorca. Todos nos llevamos muy bien.

Madre : Bueno, a ver si voy un día y les conozco.
¿Y agua caliente? ¿Tienes agua caliente?

Luis : Sí, claro, mamá. Que no vivo en un rincón del mundo, sino en una gran ciudad.
Besos a todos, adiós.

Madre : ¡Adiós, hijo! ¡Cuídate!

PREGUNTAS

1. ¿Donde vives?
2. ¿Con quién vives?
3. ¿Qué hay en el piso?
4. ¿Con quién comparte el piso?
5. ¿Cuántas habitaciones hay en casa?
6. ¿Te gusta el piso nuevo?

Lección 10

번역

이제 나는 아파트에 삽니다.

어머니 : 여보세요?

루이스 : 안녕, 엄마!. 나 루이스야.

어머니 : 안녕, 루이스! 잘 있니? 몸은 괜찮니? 네가 집에 전화하지 않은지 일 주일이 되는구나.

루이스 : 그렇군요 엄마. 그런데 난 정말 잘 있어요. 이제 아파트에 살아요.

어머니 : 잘됐구나! 아파트는 맘에 들어? 그런데 아파트는 어떠니?

루이스 : 물론 이곳이 맘에 들지요. 예쁘고 커요. 그리고 나는 나만을 위한 아담한 방을 갖고 있어요.

어머니 : 어둡니?

루이스 : 아뇨~, 큰 창문이 하나 있어서 어둡지 않아요.

어머니 : 나에게 더 이야기해봐. 잘 챙겨 먹니? 이제 요리할 수는 있어?

루이스 : 난 요리를 잘 할 줄 모르지만 나를 위해서 무언가를 준비할 수 있어요. 적어도 매일 내 아파트 동료들과 음식을 만들어요.

어머니 : 누구하고 아파트를 함께 사용하니?

루이스 : 아, 네! 우리는 4명이에요. 빌바오 출신 에스뜨레야; 로마 출신 뻬에뜨로; 그리고 마요르까 출신 훌리오. 우리 모두 사이가 좋아요.

어머니 : 좋아, 어느 날 가서 그들을 알던가 하지. 그리고 따뜻한 물은? 따뜻한 물은 있니?

루이스 : 네, 물론이죠. 나는 세계 한구석에 사는 것이 아니라 대도시에서 살고 있어요. 모두에게 작별 인사드려요. 안녕.

어머니 : 안녕, 아들아! 몸조심해라!

Contenidos gramaticales

1 conocer와 saber 동사의 비교

conocer와 saber 동사는 모두 '알다'라는 의미를 갖고 있지만 사용하는 용도가 다르다. 우선 conocer는 어떤 사람, 지리적인 장소 또는 사물을 경험을 통해 알고 있을 때 사용하지만, 후자인 saber는 어떠한 사실이나 ~하는 방법 등을 알 때 사용한다.

〈conocer〉

Ellos conocen bien a Miguel. 그들은 미겔을 잘 안다.
¿Conoces Cuba? 너는 쿠바를 아니?
Conozco un buen restaurante. 나는 좋은 식당 하나를 안다.

〈saber〉

Mi padre sabe traducir el ruso. 나의 아버지는 러시아어를 번역할 줄 안다.
Yo no sé qué día es hoy. 나는 오늘이 무슨 요일인줄 모른다.
Sabemos dónde está la Embajada de España.
우리들은 스페인 대사관이 어디 있는지 안다.

2 Tener que + 동사원형, Hay que + 동사원형(~을 해야 한다)

두 개의 표현은 모두 '~을 해야 한다'라는 의무를 나타내는 구문으로서 주어가 명백하면 tener que ~, 주어가 불분명하면 hay que ~를 사용한다.

〈Tener que ~〉

Carlos tiene que estudiar mucho. 까를로스는 많이 공부를 해야 한다.

Tengo que limpiar la casa. 나는 집을 청소해야 한다.

Tienen que llegar pronto a casa. 그들은 집에 곧 도착해야 한다.

〈Hay que ~〉

Hay que trabajar más. 더 일해야 한다.

Hay que terminar el trabajo hoy. 오늘 일을 마쳐야 한다.

¿Qué hay que hacer para mañana? 내일은 무엇을 해야 합니까?

3 불규칙동사 Contar(~을 계산하다, 이야기하다)의 직설법 현재(o→ue)

어간의 모음이 (o→ ue)로 변하지만 nosotros / vosotros에 해당하는 어간의 모음은 변하지 않는다.

Contar(~을 계산하다, 이야기하다)

cuento	contamos
cuentas	contáis
cuenta	**cue**ntan

La niña cuenta hasta diez. 아이는 10까지 숫자를 센다.

La profesora cuenta los alumnos de clase. 여자선생은 반 학생들의 수를 센다.

El abuelo cuenta un cuento chino a sus nietos.
할아버지는 손자들에게 중국동화를 이야기한다.

4 불규칙동사 Hacer(~을 만들다, ~을 하다)의 직설법 현재

1인칭 단수형이 -go로 끝나는 불규칙동사 hacer는 (~을 만들다, ~을 하다)라는 의미로 사용된다. 또한, 시간의 경과(hace + 경과된 시간 + que~)를 표현하거나 주어 없이 3인칭 단수형으로 날씨를 나타낸다.

hago	hacemos
haces	hacéis
hace	hacen

Mi madre hace comidas todos los días. 나의 어머니는 매일 음식을 만든다.

Yo hago las camas y tú el salón. 나는 침대를 정돈하고 그리고 너는 거실을 정돈한다.

Los niños hacen los deberes. 아이들은 숙제를 한다.

1. Hace + 경과된 시간 + que~ : ~ 한지 (경과된 시간)이 된다.

Hace + 경과된 시간 + que~ : ~한지 (경과된 시간)이 된다.
Hace un año que estoy en Corea. 내가 한국에 있는지 일 년이 된다.

Hace dos semanas que estoy en París. 내가 파리에 있는지 2주가 된다.

Hace media hora que estudia Julia. 훌리아가 공부한지 30분이 된다.

Hace diez años que vivimos aquí. 우리들이 여기 산지 10년째다.

¿Cuánto tiempo hace que está usted en París?
당신이 파리에 체류한지 얼마가 되었습니까?

2. 날씨를 나타내는 hacer 3인칭 단수형

Hace calor. 덥다.

Hace buen tiempo. 좋은 날씨이다.

Hoy hace sol. 오늘은 햇볕이 난다.

Hace mucho viento. 바람이 많이 분다.

5 Al teléfono(통화)

스페인에서 보통 전화를 받을 때는 '여보세요'에 해당하는 표현으로 ¿Dígame? 또는 ¿Diga?로 말을 시작한다. 때론 중남미에서는 ¿Aló?(아르헨티나), ¿Bueno?(멕시코)라는 표현으로 전화를 받기도 한다.

Práctica

I. A : ¿Diga? 여보세요?
B : ¿Está Begoña? 베고냐 있습니까?

II. A :¿Diga? 여보세요?
B : ¿Se puede poner Andrés? 안드레스와 통화할 수 있습니까?

III. A : ¿Dígame? 여보세요?
B : ¿El señor Gómez, por favor? 고메스씨, 부탁합니다.
A : Un momento, ahora se pone. 잠깐만요, 지금 연결하겠습니다.

IV. A : ¿Dígame? 여보세요?
B : ¿El señor Lee, por favor? 미스터 리, 부탁합니다.
A : Lo siento, se equivoca. 죄송합니다만, 잘못 거셨습니다.

V. A : ¿Dígame? 여보세요?
B : ¿Está Belén? 벨렌 있습니까?
A : ¿De parte de quién? 누구인가요?
B : De María. 마리아입니다.

VI. A : ¿Dígame? 여보세요?
B : ¿Está Miguel? 미겔있습니까?
A : Lo siento, ahora no está él. 죄송합니다만, 지금은 그가 없습니다.
¿Quiere dejar algún recado? 메시지를 남기시겠습니까?
B : Sí, por favor. 네, 부탁드립니다.
Dígale que ha llamado Marco. 마르꼬가 전화했다고 말해 주세요.

VII. A : ¿Dígame? 여보세요?

B : ¿Está Pilar? 삘라르 있습니까?

A : Lo siento, ahora no está ella. 유감스럽게도, 지금 그녀가 없군요.

B : ¿Puedo darle un recado? 그녀에게 메시지를 남길 수 있습니까?

A : Por supuesto. 물론이죠.

B : Por favor, dígale que ha llamado Rosa.
그녀에게 로사가 전화했다고 말해주세요, 부탁합니다.

6 통화 관련된 용어(Expresiones para el teléfono)

Teléfono fijo(유선전화)	Teléfono móvil(무선전화)
1. Está comunicando(통화중이다)	1. Está apagado (전원이 꺼져있다)
2. No funciona(작동이 안된다)	2. No tiene batería (배터리가 없다)
3. Se equivoca / Se han equivocado (잘못 걸었다)	3. No queda saldo (잔고가 없다)
4. Salta el contestador automático (자동응답기가 나온다)	4. Salta el buzón de voz (음성사서함이 나온다)
5. No contestan (전화받지 않는다)	5. No hay nadie de texto (문자를 보낸 자가 없다)

Contentidos culturales

문화 엿보기

■ 콜럼버스 기념탑(Monumento a Cristobal Colón)

바르셀로나 항구도시에 가면 콜럼버스를 기리는 기념탑이 있다. 고딕지구에서 람블라스 거리를 따라 남쪽으로 내려오면 바다가 보이는 지점에 1888년 바르셀로나 박람회를 기념해 세운 50m 높이의 콜럼버스 기념탑이 서 있다. 제노바출신으로 추정되는 콜럼버스(스페인어로 Cristobal Colón)는 당시 스페인의 가톨릭 왕들 부부(Reyes Católicos)를 설득하여 새로운 미지의 땅을 탐험하는데 지원을 받게 되었다. 결국 1492년 4월 17일 산타페 협정(Capitulaciones de Santa Fé)을 체결함에 따라 스페인 왕실은 콜럼버스에게 탐험비용은 물론이고, 제독, 새로 발견된 지역의 세습적 부왕 및 총독직을 부여하고, 또 그곳에서 획득된 산물의 10%를 양도하기로 약속하였다. 1492년 8월 3일 콜럼버스는 보석과 향료의 산지인 인도를 찾을 목적으로 산타 마리아호를 포함한 3척의 범선을 지휘하며 스페인 빨로스(Palos) 항구를 출항하였다. 10월 12일 바하마 군도의 과나아니(Guanahaní) 섬에 도착함으로써 신세계 발견이 이루어졌다. 그림에서는 신대륙을 발견한 탐험가답게 멀리 바다를 바라보며 서 있는 콜럼버스의 모습이 인상적이지만, 그의 업적과 대조적으로 콜럼버스는 죽을 때까지도 자신이 발견한 신대륙이 지구 어디쯤에 있는지, 그리고 자신의 발견이 세계사에서 얼마나 중요한 일이었는지 모른 채 스페인 바야돌릿(Valladolid)에서 검소하게 생을 마감했다.

〈스페인 바르셀로나의 콜럼버스 기념탑〉

Ejercicios

I. 빈 칸에 saber 또는 conocer 동사(~을 알다)로 문장을 만드시오.

1. Nosotros _______ nadar en el río.
2. Mi padre _______ muy bien Barcelona.
3. El profesor _______ mucho de historia de Europa.
4. (Yo) _______ que mi amigo no es de aquí.
5. _______ usted dónde está la embajada de Alemania.
6. Carmen _______ las películas de Pedro Almódobar.
7. Vosotros _______ manejar el mando de televisión.

II. 다음 빈 칸에 tener que~ 나 hay que~ (~을 해야 한다) 구문을 쓰시오.

1. Ellos __________ estudiar todos los días.
2. __________ estudiar mucho.
3. Elena y Luisa __________ estar en la clase.
4. Tú no __________ comprar los libros.
5. __________ terminar el trabajo hasta mañana.
6. Vosotros __________ limpiar los dientes todos los días.
7. __________ decir la verdad.

III. Tener que~의 문장을 Hay que ~의 문장으로 바꾸시오.

Tengo que ir a la escuela. → Hay que ir a la escuela.
나는 학교로 가야 한다. 학교로 가야 한다.

1. Tenemos que preparar la comida. 우리는 음식을 준비해야 한다.

→

2. Tienen que visitar el museo. 그들은 박물관을 관람해야 한다.

→

3. Tengo que pedir el postre al camarero. 나는 종업원에게 후식을 주문해야 한다.

→

4. Tienes que salir a las diez. 너는 10시에 외출해야 한다.

→

5. No tenéis que practicar el piano. 너희들은 피아노 연습을 하지 말아야 한다.

→

6. Tiene que pensar antes de escribir. 그는 글쓰기 전에 생각해야 한다.

→

7. Tienen que llamar a la policía. 그들은 경찰을 불러야 한다.

→

IV. 주어진 주어로 문장을 바꾸시오.

Tengo que ir al hospital / ella. → Ella tiene que ir al hospital.
나는 병원에 가야 한다. 그녀는 병원에 가야 한다.

1. Tienes que tener paciencia / vosotros. 너는 인내심을 가져야 한다.

→

2. Usted tiene que estar a las nueve en casa / yo. 당신은 집에 9시에 있어야 한다.

→

3. Tengo que comprar el libro de texto / vosotras. 나는 교과서를 사야 한다.

→

4. Ellos tienen que estar dos días en la cama / ustedes.
그들은 침대에서 이틀을 있어야 한다.

→

5. Tenemos que salir esta noche / ellos. 우리들은 오늘밤 외출해야 한다.

→

6. Tenéis que llegar al cine / nosotras. 너희들은 영화관에 도착해야 한다.

→

7. Ella tiene que ser puntual / ustedes. 그녀는 시간을 지켜야 한다.

→

V. Hace + 경과한 시간 + que~ 구문으로 답하시오.

¿Cuánto tiempo hace que está ud. en Perú? / un mes
당신이 페루에 있는지 얼마나 됩니까?

→ Hace un mes que estoy en Perú.
제가 페루에 있는지 한 달이 됩니다.

1. ¿Cuánto tiempo hace que no ve la película? / tres meses
당신은 영화를 못 본지 얼마나 됩니까?

→

2. ¿Cuánto tiempo hace que fuman ellos? / un año
그들이 담배를 피운지 얼마나 됩니까?

→

3. ¿Cuánto tiempo hace que no vas al parque? / una semana
네가 공원에 안 간지 얼마나 되니?

→

4. ¿Cuánto tiempo hace que vives en este piso? / seis meses
네가 이 아파트에 산지 얼마나 되니?
→

5. ¿Cuánto tiempo hace que no jugamos al fútbol? / cuatro días
우리들이 축구를 안 한지 얼마나 됩니까?
→

6. ¿Cuánto tiempo hace que vais al campo? / dos años
너희들이 야외로 나간지 얼마나 되니?
→

7. ¿Cuánto tiempo hace que esperas el autobús? / una hora
네가 버스를 기다린지 얼마나 되니?
→

VI. 다음 빈칸을 hacer동사의 직설법 현재로 적으시오.

1. Yo le __________ una pregunta a la profesora.
2. __________ calor en Francia.
3. __________ mucho frío.
4. Nosotros __________ los deberes en casa.
5. __________ 13 horas que esperamos a Jimena.
6. Su madre __________ una ensalada para nosotros.
7. ¿Cuánto tiempo __________ que no vamos a casa?

마요르 광장 (Plaza de Mayor, Madrid)

왕궁과 뿌에르따 델 솔(태양의 문) 중간 지점에 있는 마요르 광장은 수 세기동안 마드리드의 중심이 되어왔다. 원래 아라발 (Arrabal) 광장으로 불렸으나 16세기 초에 지금의 이름으로 바뀌었다.

펠리뻬 3세의 명에 따라 1619년 만들어진 광장으로서 19세기까지는 이곳에 매일 시장이 섰다. 때로는 투우를 비롯해 축제, 종교재판, 교수형 등 다양한 행사가 벌어지던 장소이다. 현재에도 국왕의 취임식, 종교의식 등 각종 행사가 열린다. 마요르 광장에는 상점, 카페, 바, 레스토랑이 몰려있어 시민과 관광객으로 언제나 붐빈다. 고풍스러운 건물이 장방형 광장을 둘러싸고 있고 건물 1층 아케이드에는 노천카페, 제과점, 술집, 기념품 가게 등이 즐비하게 들어서 있다. 특히 밤에는 손님을 끌기 위해 라이브 음악을 연주하여 낭만적인 분위기를 연출한다. 마요르 광장 중앙에는 이곳을 조성한 펠리페 3세의 동상이 서 있다.

Lección 11 ¿Qué vas a hacer?

Blanca : ¿Qué podemos hacer este fin de semana?
¿Tenéis algún plan?

Miguel : Ya sabes que me gusta el deporte.
El sábado voy a la playa para hacer surf.
Luego, voy a jugar al fútbol.
Podéis venir conmigo.

Blanca : Bueno, no sé.
Y tú, Javier, ¿qué vas a hacer? ¿Algún plan?

Javier : No, no tengo ninguno.
El próximo lunes tengo un examen de francés, así que me quedo en casa. Tengo que estudiar para el examen.

Miguel : Oh, no. Javier, a ti, ¿no te gusta el deporte?

Javier : Por supuesto, también me gusta el deporte como a ti.
Me encanta el baloncesto, sobre todo me gusta más el remo.

Blanca : ¿El remo? A mí, no me gustan los deportes en el agua.
El mar me da miedo.
Pero me gusta tomar sol en la playa.
Y me gusta ir a los clubs y bailar.

Miguel : A mí no. Allí, hay mucho ruido, mucho humo y no se puede charlar.

Blanca : Así que no tenemos gustos similares.
Pero podemos salir un rato para el descanso.
Además, es necesario descansar de vez en cuando, ¿no es así, Javier?

Javier : ¡Por supuesto! Ahora, veo que el estudio está por terminar.
Dentro de unos minutos estoy listo para salir a la calle.

Blanca : Entonces, nos vemos en seguida.

PREGUNTAS

1. ¿Te gusta el deporte?
2. ¿Cómo te gustan las comidas?
3. ¿Qué clase de música te gusta, ligera o clásica?
4. ¿Os gustan los animales?
5. ¿Le gusta la política?
6. ¿Te gusta viajar?

Lección 11 번역

너는 무엇 할거니?

블랑까: 이번 주에 우리들은 무엇을 할 수 있을까? 너희들은 어떤 계획을 가지고 있니?

미겔: 넌 이미 내가 스포츠를 좋아한다는 것을 알고 있잖아.
토요일에는 난 서핑(파도타기)하기 위해 해변가로 갈거야.
그러고 나서 축구할거야. 너희도 나와 함께 올 수 있어.

블랑까: 잘 모르겠어. 그렇다면 하비에르, 넌 무엇을 할 것이니? 계획이 있어?

하비에르: 아니, 난 아무런 계획을 갖고 있지 않아.
다음 월요일 프랑스어 시험이 있어, 그래서 집에 있어.
난 시험 공부해야 돼.

미겔: 오, 안돼. 하비에르, 넌 운동을 좋아하지 않니?

하비에르: 물론, 나 역시 너처럼 운동을 좋아해.
농구를 아주 좋아하고, 특히 노젓기를 더 좋아하지.

블랑까: 노젓기라고?
난 수중 운동은 좋아하지 않아.
바다는 나에게 두려움을 주지.
그러나 나는 해변가에서 선탠하는 것을 좋아해.
그리고 클럽에 가고 춤추는 것을 좋아해.

미겔: 난, 아니야.
거기는 많이 시끄럽고, 연기도 많고 그리고 이야기를 나눌 수가 없어.

블랑까: 그러니깐 우리는 비슷한 취향이 아니구나.
그렇지만 우리는 휴식을 취하러 잠깐 밖으로 나갈 수는 있어.
게다가, 이따끔 휴식을 갖는 것이 필요해, 그렇지 않니, 하비에르?

하비에르: 물론이지!
지금, 공부가 끝나가고 있어.
몇 분 안에 밖으로 나갈 준비가 될거야.

블랑까: 그렇다면, 우리 곧 보자!

Contenidos gramaticales

1 부정어

스페인어에는 의미상 어떤, 누구 등 구체적인 설명을 회피하기 위해 부정어를 긍정적, 부정적인 표현으로 사용한다.

〈부정형용사〉 〈부정대명사〉

	긍정문(어떤,어느)	부정문(어떤,누구도~않다)	긍정문(어떤,어느)	부정문(어떤,누구도않다)
단수	algún / alguna	ningún / ninguna	algún / alguna	ningún / ninguna
복수	algunos / algunas		algunos / algunas	

– ¿Hay aquí algún restaurante chino? 여기 중국식당이 있습니까?
Sí, aquí hay alguno. 네, 여기 식당이 있습니다.
No, aquí no hay ninguno. 아니오, 여기에는 어떠한 식당도 없습니다.

– ¿Tiene usted alguna carta? 당신은 편지를 갖고 있습니까?
Sí, tengo alguna. 네, 전 편지를 갖고 있습니다.
No, no tengo ninguna. 아니오, 전 어떠한 편지도 갖고 있지 않습니다.

- ¿Compras algunos tomates para la cena? 너는 저녁을 위해 토마토를 좀 살거니?
Sí, compro algunos. 네, 나는 몇 개 삽니다.
No, no compro ninguno. 아니오, 나는 아무 것도 안 삽니다.

* Alguno / ninguno는 남성명사 단수형앞에서는 -o가 탈락되어 algún / ningún으로 쓴다. 복수형 ningunos / ningunas는 사용되지 않는다.

2 기타의 부정어

긍정문	대상	부정문
alguien	사람	nadie
algo	사물	nada
mucho / -a,-os,-as	사람, 사물	poco / a, os, as
siempre		nunca
también		tampoco

Hay algo sobre la mesa. 식탁위에 무엇인가 있다.
No hay nada en la caja. 상자에는 아무 것도 없다.
Hay alguien en casa. 집에 누군가 있다.
No hay nadie en la escuela. 학교에는 아무도 없다.

1. 부정어가 동사 앞에 위치하면 no를 사용할 필요가 없지만 동사 뒤에 있으면 no를 사용하여 부정을 강조하게 된다.

Hoy no puede venir nadie a mi fiesta. 오늘 아무도 내 파티에 올 수 없다.

→ Hoy nadie puede venir a mi fiesta.

No está nunca en casa. 그는 집에 결코 없다.

→ Nunca está en casa.

2. 일치 또는 합의를 나타내는 부사 : también(역시), tampoco(역시~않다)

también(역시)과 tampoco(역시 ~않은)는 부정부사로서 다른 사람과의 합의 또는 일치되거나 아님을 표현한다.

의견 일치	의견 불일치
Yo también 나 역시 그렇다	Yo tampoco 나도 역시~않다
Yo sí 나는 그렇다	Yo no 나는 그렇지 않다

Yo tengo coche. 나는 자동차를 갖고 있다.

Yo también. 나 역시 그렇다.

A mí me encanta ir a la playa por la tarde.

나는 오후에 해변으로 가는 것을 매우 좋아한다.

A mí también. 나 역시 그렇다.

Este año no voy de vacaciones. 올해에는 나는 휴가가지 않는다.

Nosotros tampoco. 우리들도 역시 안 간다.

No me gustan los gatos. 나는 고양이들을 좋아하지 않는다.

A mí tampoco. 나 역시 좋아하지 않는다.

3 전치사 para와 por 용법

전치사 para는 방향, 주소, 목적, 용도, 비교, 최종기한 등 의미를 나타내지만, por는 이유, 원인, 동기, 대가, 수단, 방법, 시간·공간적 범위, 단위 등을 표현한다.

〈para〉

Hoy sales para Seúl. (방향)

오늘 너는 서울로 떠난다.

Compramos un regalo para María. (목적)

우리들은 마리아를 위해서 선물을 산다.

La cuchara es para comer sopa. (용도)

숟가락은 스프를 먹기 위한 것이다.

Él es muy inteligente para su edad. (비교)

그는 나이에 비해 매우 영리하다.

Tenemos que llegar para las cinco de la tarde. (최종기한)

우리들은 오후 5시까지 도착해야 한다.

〈por〉

Por eso vengo a esta ciudad. (이유)

그래서 나는 이 도시에 온다.

Lo sabemos por la experiencia. (방법)

우리들은 경험으로 그것을 안다.

Vendo esta camara por cien mil wones. (대가)

나는 이 카메라를 10만원에 판다.

El profesor nos explica por micrófono. (수단)

선생님은 우리에게 마이크로 설명한다.

Toman un paseo por el parque. (공간적 범위)

그들은 공원으로 산책한다.

4 불규칙 동사 ir(가다)의 직설법 현재

Ir 동사는 불규칙 변화를 하는 동사이다. 또한, ir a + 명사는 〈~에 가다〉라는 의미를 지니지만, ir a + 동사원형은 〈~하려 간다〉 또는 〈~하려 한다〉라는 가까운 미래를 의미한다.

(Yo)	voy	(Nosotros)	vamos
(Tú)	vas	(Vosotros)	vais
(Él / Ella / Ud.)	va	(Ellos / Ellas / Uds.)	van

Vamos a América. 우리는 아메리카에 간다.

Voy a la universidad. 나는 대학교에 간다.

Van a la biblioteca. 그들은 도서관에 간다.

Vais a comprar una casa nueva. 너희들은 새 집을 사려고 한다.

Enrique va a aprender una canción mexicana. 엔리께는 멕시코 노래를 배우려고 한다.

Van a tomar vino de la casa. 그들은 집에서 담근 와인을 마시고자 한다.

Vas a trabajar en la empresa Samsung. 너는 삼성 회사에서 일하고자 한다.

Práctica

I. A :¿Qué vas a hacer esta tarde? 너는 오늘 오후에 무엇을 할 거니?

B : Esta tarde voy a ir al campo. 오늘 오후 나는 야외로 갈거야.

II. A : ¿Qué van a hacer ustedes mañana?

당신들은 내일 무엇을 할 것입니까?

B : Mañana vamos a visitar la ciudad.

내일 우리들은 도시를 방문할 것이다.

III. A : ¿Qué va a hacer usted ahora? 당신은 지금 무엇을 할 것입니까?

B : Voy a ir de compras. 나는 쇼핑을 갈 것이다.

Contentidos culturales

문화 엿보기

■ 삐냐따(Piñata, 선물통) 놀이

스페인어권 지역에는 오래전부터 흥겨운 잔치나 명절, 아이들 생일잔치에 삐냐따 놀이가 빠지지 않는다. 남녀노소 동심으로 돌아가 누구나 즐기는 놀이로서 우리나라의 박 터뜨리기와 비슷하다. 항아리나 그릇 안에 과일, 사탕, 초콜릿, 작은 선물들을 담고 신문으로 포장하여 나무나 천정과 같은 높은 장소에 달아 놓으면 생일 또는 축제의 주인공이 삐냐따를 터뜨리게 된다. 이때 주인공은 두 눈을 감고 손에 막대기를 쥔 채 방향감각이 없도록 선 채로 3바퀴를 돈다. 선물통을 막대기로 때리면 사탕과 선물 등이 우수수 마구 떨어지도록 하여 즐기는 놀이이다.

이탈리아의 탐험가 마르코 폴로의 〈동방견문록〉에 따르면, 삐냐따는 중국에서 새해를 맞이할 때 즐기던 놀이였다. 그 후에 마르코 폴로가 이 놀이를 이탈리아에 소개했고 사순절 행사에 사용했다. 스페인으로 넘어가 삐냐따 깨기 놀이가 축제에 등장했지만, 같은 언어권인 멕시코에서 삐냐따 놀이가 대중들의 전폭적인 지지를 받고 전통적인 놀이로 자리매김하였다.

요즘에 즐기는 삐냐따 때리기 놀이에는 아이들이 좋아하는 캐릭터인 백설공주, 슈퍼맨, 왕자, 요정, 귀여운 동물 등의 다양한 모습의 삐냐따가 등장한다. 속은 텅 비어 있어서 구입한 후 좋아하는 취향대로 내용물을 채운다. 주인공이 혼자가 아닌 경우에는 초대받은 사람들과 함께 막대기로 두들겨서 삐냐따를 망가뜨리기도 한다.

이미지출처: http://commons.wikimedia.org/wiki/File:Pi%C3%B1ata.jpg?uselang=es

〈독일에서 멕시코의 날을 맞이하여 삐냐따 놀이를 즐기고 있다〉

Ejercicios

I. 다음 괄호 안에 para나 por로 쓰시오.

1. Mi hermano va (   ) el padre.
2. Presento a la oficina (   ) las diez.
3. ¿(   ) qué no está aquí?
4. Necesitamos una hora (   ) llegar a la estación.
5. El cartero nos trae una carta certificada (   ) la mañana.
6. El estudiante es inteligente (   ) su edad.
7. Aquel barco es (   ) Italia.
8. Este avión va a China (   ) Seúl.

II. 다음 문장들의 줄친 곳에 ir 동사의 적당한 변화형을 쓰시오.

1. Carlos y yo ________ a un restaurante.
2. Maria y tú ________ a una cafetería.
3. Yo ________ a Europa.
4. El muchacho ________ a jugar al tenis.
5. Los médicos ________ a trabajar en el hospital.
6. Tú ________ a ver al Sr. Sánchez.

III. 다음 문장을 주어진 동사를 이용하여 〈ir a + 동사원형〉으로 바꾸시오.

Tú vas a la oficina. (trabajar) 너는 사무실에 간다.
→ Vas a trabajar en la oficina. 너는 사무실에서 일할 것이다.

1. Yo voy a un restaurante. (comer) 나는 식당에 간다.

→

2. Rosita y Juan van al bar. (tomar café) 로시따와 후안은 바로 간다.

→

3. Ustedes van al cine. (ver una película) 당신들은 영화관으로 간다.

→

4. Sr. Pérez y usted van a un hotel. (pasar una noche) 뻬레스씨와 당신은 호텔로 간다.

→

5. Nosotros vamos a la tienda de ropas. (comprar una camisa) 우리들은 옷가게로 간다.

→

6. Tú vas a la playa. (tomar el sol) 너는 해변가로 간다.

→

IV. 다음 문장에 답하시오.

¿Qué van a ver ustedes? (la televisión) 당신들은 무엇을 볼 것입니까?
→ Vamos a ver la televisión. 우리들은 텔레비전을 볼 것이다.

1. ¿Qué vas a comer? (la paella) 너는 무엇을 먹을 거니?

→

2. ¿Qué van a tomar ustedes? (una cerveza) 당신들은 무엇을 마실 것입니까?

→

3. ¿Qué vas a celebrar? (una fiesta) 너는 무엇을 축하할 것이니?

→

4. ¿Qué vais a hacer? (los deberes) 너희들은 무엇을 할 것입니까?

→

5. ¿Qué vamos a comprar? (un diccionario) 우리들은 무엇을 살까요?

→

6. ¿Qué vamos a visitar? (el museo) 우리들은 무엇을 방문할까요?

→

V. 다음 밑줄 친 부분에 대해 질문을 만드시오.

Vamos a comprar un abrigo. 우리들은 외투를 살 것이다.
→ ¿Qué vais a comprar? 너희들은 무엇을 살 것입니까?

Vas a visitar a Mario. 너는 마리오를 방문할 것이다.
→ ¿A quién voy a visitar? 나는 누구를 방문할까요?

1. Laura va a visitar el museo. 라우라는 박물관을 관람하려 한다.

→

2. El enfermero va a traer a un enfermo. 남자 간호사는 환자를 데려오려 한다.

→

3. Voy a enviar una carta. 나는 편지 한 통을 보내려고 한다.

→

4. Vamos a escribir la carta. 우리들은 편지를 쓰려고 한다.

→

5. Vais a pintar los cuadros. 너희들은 그림들을 그리려고 한다.

→

6. Julia va a saludar a su vecino. 훌리아는 그녀의 이웃에게 인사하려고 한다.

→

VI. 다음 대화의 빈칸을 부정어로 쓰시오.

nada, algún, alguna, algunos, ninguno, algo

1. A : Buenas tardes, ¿Quiere __________?
2. B : Sí, quería ver _________ cosa para regalo. ¿Tiene __________ lápiz para las cejas?
3. A : Sí, por supuesto. Tenemos __________ muy buenos para señora.
4. B : Bien, me llevo este.
5. A : Muy bien. ¿__________ cosa más?
6. B : No, gracias. __________ más.

VII. 다음 문장을 예문과 같이 바꾸시오

No está nunca en casa. 그는 집에 결코 없다. → Nunca está en casa

1. No me quiere ayudar nadie. 아무도 나를 도와주길 원하지 않는다.

   →

2. No me interesa nada. 나는 아무것도 흥미가 없다.

   →

3. No viene nadie a casa. 아무도 집에 오지 않는다.

   →

4. No contesta nadie a la pregunta. 아무도 질문에 대답하지 않는다.

   →

5. No tiene nunca tiempo. 그는 전혀 시간이 없다.

→

6. No nos gusta nada. 우리들은 아무것도 좋아하지 않는다.

→

발렌시아의 불꽃 축제 (Las Fallas)

스페인 발렌시아의 가장 큰 축제로 알려져 있는 '불꽃축제, 라스 파야스'는 지역적인 축제를 초월해 외국인들의 관심과 참여 덕분에 세계적인 축제로 유명하다. 매년 3월 12일부터 3월 19일까지 일주일간 열리는 이 축제는 중세시대부터 시작된 전통적인 축제이다. 겨울이 끝나고 봄이 오는 것을 축하하기 위해 이 지방 목수들이 나뭇가지 등을 태웠지만 오늘날에는 오래된 가구들과 더불어 마분지, 천조각 등으로 만들어진 토속적인 인형들을 태우는 행사로 발전했다. 이 축제는 지난해의 낡은 것들과 안 좋았던 모든 것을 불태움으로써 정화된 마음을 지니기를 기원하는 것이다. 축제기간 동안 마분지로 만든 우스꽝스럽고 크고 멋진 600여 개의 인형들이 5일 동안 거리에 전시되어 방문객들에게 볼거리를 제공한다. 축제의 절정은 3월 19일, 발렌시아 목수들의 수호성인 '산 호세(San José)'의 날에 전문 예술가들로 구성된 동업조합에 의해 일 년 내내 정성껏 만들어진 인형들을 모두 다 불에 태우는 '라 끄레마(La Crema)' 행사에 있다. 인형 중에는 수십 미터에 도달하는 거구들을 태우다 보니 마치 도시 전체가 불꽃에 휩싸이는 듯한 느낌이 들게 된다. 행사 마지막 날에 이 모든 것을 불의 신에게 바치는 의미에서 치러지는 축제이다.

Lección 12 Me levanto temprano

Teresa tiene que hacer un reportaje sobre las actividades diarias de su amigo Alberto.

Teresa : ¿A qué hora te levantas generalmente?

Alberto : Normalmente me levanto a eso de las siete.
Voy al baño, me ducho, me afeito y me peino.
En mi habitación me visto.

Teresa : ¿Y a qué hora sales de casa?

Alberto : Salgo de casa a las ocho y media aproximadamente.

Teresa : ¿Cómo vienes a la escuela?

Alberto : Vengo en autobús, y otras veces vengo con mi padre en coche.

Teresa : ¿Qué haces después de clases?

Alberto : Bueno, si no tengo mucho que estudiar, voy a ver a algún amigo y vamos a un café.
Charlamos un rato y luego vuelvo a casa.

Teresa : ¿A qué hora cenas?

Alberto : Pues, en casa cenamos siempre a las nueve y media.

Teresa : Y después de cenar, ¿qué haces?

Alberto : Generalmente estudio o leo. A veces escucho la música o veo la televisión.

Teresa : ¿Te acuestas muy tarde?

Alberto : Me acuesto entre las doce y media y la una.

Teresa : ¿Adónde vas en tus vacaciones?

Alberto : En el verano suelo ir a la isla de Mallorca.

PREGUNTAS

1. ¿Se acuesta muy tarde?
2. ¿Cómo va al trabajo?
3. ¿A qué hora sales de oficina?
4. ¿Qué hace usted después del trabajo?
5. ¿A qué hora comemos?
6. ¿Qué hacéis después de cenar?

Lección 12

번역

나는 일찍 일어난다.

떼레사는 그녀의 친구 알베르또의 일상적인 활동에 관한 리포트를 만들어야 한다.

떼레사: 넌 일반적으로 몇 시에 일어나니?

알베르또: 보통 나는 7시 경에 일어나.
화장실가서 샤워하고, 면도하고, 머리를 빗어. 내 방에서 옷을 입어.

떼레사: 몇 시에 집에서 나가니?

알베르또: 대략 집에서 8시 반에 나가.

떼레사: 학교에는 어떻게 오니?

알베르또: 난 버스타고 와, 그리고 때때로 아버지와 함께 자동차를 타고와.

떼레사: 방과 후에는 무엇을 하니?

알베르또: 공부를 많이 해야 되지 않으면, 친구를 보러 가고 그리고 우리들은 커피점에 가지.
잠시 대화를 이야기하다가 그러고나서 난 집으로 돌아와.

떼레사: 몇 시에 저녁을 먹니?

알베르또: 음, 집에서 우리는 항상 9시 반에 저녁을 먹어.

떼레사: 그리고 저녁 먹은 후에, 무엇을 하니?

알베르또: 일반적으로 공부하거나 또는 독서해.
때때로 음악을 듣거나 또는 텔레비전을 보지.

떼레사: 매우 늦게 잠자리에 드니?

알베르또: 12시 반과 1시 사이에 잠자리에 들어.

떼레사: 너는 휴가에는 어디로 가니?

알베르또: 여름에는 마요르까 섬에 가곤 해.

Contenidos gramaticales

1 Tutear(tú라고 부를만큼 친밀한 사이가 되다)

본문에서 나오는 Teresa의 문장 ¿A qué hora te levantas generalmente?는 가까운 사이에서 말하는 tutear 표현이 되지만 공식적인 관계의 문장이 된다면 ¿A qué hora se levanta generalmente?이다.

2 형용사 + mente → 부사

형용사 또는 형용사의 여성단수에 -mente를 붙이면 부사가 된다.

clara + mente → claramente (명확하게)
justa + mente → justamente (정당하게)
lenta + mente → lentamente (느리게)
igual + mente → igualmente (동등하게)

Podemos gritar fuertemente. 우리들은 크게 외칠 수 있다.
Escribimos la carta normalmente. 보통 우리는 편지를 쓴다.
La chica nos pide un favor atentamente. 여자아이는 우리에게 정중하게 부탁을 한다.

3 빈도를 나타내는 표현

습관적으로 일어나는 빈도의 차이를 의미하는 표현이 있다.

siempre 항상
casi siempre 거의 항상
normalmente 보통
a menudo 자주
a veces / de vez en cuando 때때로
casi nunca 거의 ~않은
nunca 결코 ~않은

una vez 1회 dos / tres veces 2/3 회	al día 하루에 a la semana / por semana 한 주에 al mes 한 달에

todos / as (모든, 매번 ~때마다)	los días, los lunes / martes 매일마다, 매주 월요일/화요일마다 las semanas 매주마다 los meses 매달마다 los años 매해마다

cada (각각의 ~마다)	día, lunes / martes 하루마다, 월요일마다 / 화요일마다 semana 매주마다 mes 매달마다 año 매해마다

A veces escucho la radio. 때때로 나는 라디오를 듣는다.
Generalmente estudio o pinto. 일반적으로 공부하거나 그린다.
Normalmente me levanto a las siete menos cuarto. 보통 나는 7시 15분전에 일어난다.
Cenamos siempre a las nueve y media. 우리들은 항상 9시 반에 저녁을 먹는다.
Nunca me levanto tarde. 나는 결코 늦게 일어나지 않는다.
No me acuesto nunca tarde. 나는 결코 늦게 잠자리에 들지 않는다.

4 교통수단을 나타내는 표현

Ir en ~로 가다 (voy / vas / va / vamos / vais / van)	autobús 버스 metro 지하철 tren 기차 coche 자동차 moto 오토바이 bicicleta 자전거
Ir	a pie 도보로

Voy al trabajo en coche. 나는 자동차를 타고 직장으로 간다.

No vamos a la escuela en metro. 우리들은 지하철을 타고 학교로 간다.

* Ir 동사 외에도 tomar, coger 동사들을 사용하여 교통편을 나타낼 수 있다.

Yo tomo el metro y ella toma el autobús.
나는 지하철 타고 그리고 그녀는 버스를 탄다.

Nosotros cogemos el metro y vosotros cogéis el autobús.
우리들은 지하철 타고 그리고 너희들은 버스를 탄다.

5 Soler + 동사원형(~하곤 한다, ~하는데 익숙하다)

불규칙동사 soler는 어간의 모음이 (o → ue)로 변하지만 nosotros / vosotros에 해당하는 어간의 모음은 변하지 않는다.

suelo	solemos
sueles	soléis
suele	suelen

Suelo ir a Málaga. 나는 말라가로 가곤 한다.

Suelen cenar a las nueve y media. 그들은 9시 반에 저녁식사를 하곤 한다.

Solemos comprar la revista. 우리들은 잡지를 사곤 한다.

Juan suele lavar el coche. 후안은 자동차를 세척하곤 한다.

6 재귀동사

주어의 행위가 주어 자신에게 돌아올 때 재귀동사를 사용하게 되는데, 재귀동사는 재귀대명사를 동반하여, '재귀대명사 + 동사'로 나타낸다. 재귀대명사는 주어와 동일인을 나타내며, 주어의 인칭에 따라서 me, te, se, nos, os, se로 표시한다. 즉 3인칭을 제외하고는 목적 대명사와 동일하다. 재귀동사로는 levantarse, sentarse, acostarse, enfadarse, sorprenderse, alegrarse, lavarse, peinarse, cortarse, despertarse 등이 있다.

직접목적어	직 · 간접목적대명사	간접목적어
나를	**me**	나에게
너를	**te**	너에게
그(녀)를 당신을	직 · 목 **lo, la** / 간 · 목 **le**	그(녀)에게, 당신에게
우리들을	**nos**	우리들에게
너희들을	**os**	너희들에게
그(녀)들을, 당신들을	직 · 목 **los, las** / 간 · 목 **les**	그(녀)들에게, 당신들에게

	재귀대명사
Yo	**me**
Tú	**te**
Él / Ella / Usted	**se**
Nosotros	**nos**
Vosotros	**os**
Ellos / Ellas / Ustedes	**se**

Levantarse(일어나다)

단수		복수	
Yo	me levanto	Nosotros	nos levantamos
Tú	te levantas	Vosotros	os levantáis
Ud., Él, Ella	se levanta	Uds. / Ellos / Ellas	se levantan

Nos levantamos muy temprano. 우리들은 매우 일찍 일어난다.

Ellos se lavan. 그들은 씻는다.

Os acostáis muy tarde. 너희들은 매우 늦게 잠자리에 든다.

Vas a levantarte a las siete de la mañana. 너는 오전 7시에 일어날 것이다.

Me lavo las manos. 나는 손을 씻는다.

Ella se corta las uñas. 그녀는 손톱을 자른다.

Me miro en el espejo. 나는 거울을 본다.

Contentidos culturales

문화 엿보기

■ 처음 만남의 대화 에티켓 (Temas Tabú, 금지된 테마)

스페인에서는 이제 막 인사를 나눈 사람들과 대화를 나눌 때에는 질문을 해서는 안되는 테마가 있다. 즉, Temas Tabú(금지된 테마)에 속하는 질문은 개인의 사생활에 해당하는 사항이기 때문에 본인 스스로 말할 때까지 묻지 않는 것이 예의이고 생활 에티켓에 속한다. 예를 들어 30세 이상이면 나이를 묻는다거나, 취직을 했는가, 급여 액수는 얼마인가, 어느 정당에 투표했는가 등은 상대방에게 실례가 될 수 있다. 또한 상대방이 제시한 의견에 대해 토를 달아 왜 그런가를 묻는 것도 결례에 속한다. 또 다른 예를 들자면 스페인 영화감독 알모도바르(Almodóvar)감독의 영화를 좋아한다면, 이유를 물어서는 안 된다. 왜냐면 이유는 없으니깐. Le gustan y se acabó. (그냥 좋다.)

사실 한국인들끼리도 대인관계를 맺을 때 나이, 고향, 학교 등 이런 걸 캐내지 않고서는 대화상 진전이 없는 것을 볼 수 있다. 이렇게 얻어지는 정보로 앞으로의 대화에서 존댓말을 사용할 것인지 낮춤말을 사용할 것인지가 결정된다. 이처럼 한국의 사회적 유대관계는 수평적인 관계보다는 수직적인 관계로 이루어져 있다. 그렇기에 수평적인 관계로 이루어지는 서양인들의 대화에서는 속마음을 노골적으로 들추어내는 질문은 상대방을 당황하게 만들 수 있다는 점을 고려해야 한다.

Ejercicios

I. 다음의 형용사를 토대로 -mente를 사용하여 부사를 만드시오.

1. fácil 쉬운
2. lento 늦은
3. feliz 행복한
4. rápido 빠른
5. amable 친절한
6. correcto 정확한

II. 다음 재귀동사를 주어에 따라 변화 시키시오.

1. Ud. *levantarse* a las ocho. 당신은 8시에 일어난다.

   →

2. Yo *acostarse* muy tarde. 나는 매우 늦게 잠자리에 든다.

   →

3. Miguel *sentarse* en la silla. 미겔은 의자에 앉는다.

   →

4. Nosotros *secarse* las manos. 우리들은 손을 닦는다.

   →

5. Tú *ponerse* el sombrero. 너는 모자를 쓴다.

   →

6. Vosotros *lavarse* la cara. 너희들은 얼굴을 씻는다.

→

7. Ellas *pintarse* las uñas. 그녀들은 손톱을 칠한다.

→

III. 다음 재귀형 문장들을 주어진 주어에 따라 답하시오.

Nosotros nos ponemos el vestido. / yo 우리들은 옷을 입는다.
→ Yo me pongo el vestido.

1. El niño se duerme en la cama. / tú 아이는 침대에서 잔다.

→

2. Ana se corta el pelo. / nosotros 아나는 머리를 자른다.

→

3. Ella se peina. / mi madre 그녀는 머리를 빗는다.

→

4. Vosotros os ducháis con agua caliente. / ellos 너희들은 따뜻한 물로 샤워한다.

→

5. Yo me lavo la cara. / vosotros 나는 얼굴을 씻는다.

→

6. Marisol se baña los sábados. / yo 토요일에는 마리솔은 해수욕한다.

→

IV. 다음 문장들을 예문과 같이 답하시오.

¿Se lava ud. la cara? / Sí 당신은 얼굴을 씻습니까?
→ Sí, me lavo la cara.

¿Se lava ud. la cara? / No
→ No. no me lavo la cara.

1. ¿Se quita ud. la chaqueta? / No 당신은 자켓을 벗습니까?

   →

2. ¿Te pones el sombrero? / Sí 너는 모자를 쓰니?

   →

3. ¿Os laváis los pies? / No 너희들은 발을 씻습니까?

   →

4. ¿Me siento en la silla? / Sí 나는 의자에 앉을까?

   →

5. ¿Se secan las chicas el pelo? / No 여자아이들은 머리를 말립니까?

   →

6. ¿Nos lavamos las manos? / Sí 우리들은 손을 씻습니까?

   →

7. ¿Se acuestan uds. a las once de la noche? / No
   당신들은 밤 11시에 잠자리에 듭니까?

   →

V. 다음 밑줄친 곳에 soler동사를 알맞게 변화시키시오.

1. Mi familia __________ cenar a las 9 :30.
2. Tú __________ tomar el metro.

3. Vosotros __________ ver la televisión después de cenar.

4. Yo __________ acostarme muy tarde.

5. En el verano nosotros __________ ir a Madrid.

6. Tu hijo __________ comer mucha fruta.

7. Los trabajadores __________ fumar muchos cigarrillos.

VI. 다음 문장들을 주어진 단어를 응용하여 문장을 만드시오.

1. 보통 나는 집에서 공부를 한다. (normalmente, estudiar, casa)

   →

2. 때때로 너는 음악을 듣는다. (a veces, escuchar, música)

   →

3. 그들은 항상 늦게 일어난다. (siempre, levantarse, tarde)

   →

4. 후안은 지하철을 타고 집에 간다. (Juan, ir a, metro)

   →

5. 우리들은 기차로 서울에 간다. (ir, Seúl, tren)

   →

세고비아의 수도교 (Acueducto de Segovia)

마드리드의 북서쪽에 위치한 세고비아의 이름은 '시에그(sieg)'라는 말에서 유래하는데, 이는 '승리'를 의미한다. 이곳에는 기원전 700년 무렵부터 이베리아인이 거주하였으며 기원전 1세기 말에 로마의 식민지가 되었다. 세고비아 시에 화강암으로 건설된 이 수도교는 로마인들의 토목 공학 기술을 보여 주는 동시에 실용성을 중시하는 건축예술이다.

아소게호 광장(Plaza de Azoguejo)을 지나가는 부분에서 수도교가 그 당당한 광채를 완전히 드러낸다. 다리는 두 단으로 지어졌으며 가장 높은 구간은 높이가 30m에 길이가 300m에 달하는데, 지지물 없이 독립적으로 서 있는 전체 구간이 약 800m이며 166개의 아치와 120개의 기둥에 의해 지탱되고 있다. 도로의 진동과 시간의 흐름으로 인한 손상으로 현재는 사용되고 있지 않지만 2천 년의 역사를 지닌 이 다리는 한때 16㎞ 떨어진 프리오(Frío) 강으로부터 세고비아 시에 물을 운반해 주었다. 로마 제국에서 도시 인구 증가로 야기된 물 부족 현상을 해결하기 위해 도시에서 가까운 산의 물을 끌어와 생활용수로 이용하기 위해 만든 물길용 다리이다. 물은 수도교 위에 설치한 물길을 따라 흘러가는데, 일정한 흐름을 위해 아치교의 층과 높낮이로 기울기를 조절하였다. 세고비아 수도교는 수세기에 걸쳐 성공적으로 제구실을 다해 왔으나 11세기에 무어인들에 의해 심각한 피해를 입었고, 15세기에 원래 모습 그대로 완전히 복원되었다. 1997년부터는 근처를 지나가는 차량을 다른 곳으로 돌아가게 하고 아소게호 광장을 보행자 전용 수역으로 만드는 등 현재 세고비아 수도교를 보존하기 위해 국가차원에서 많은 노력을 기울이고 있다.

Lección 13 Está trabajando

Madre de Isabel : ¿Dígame?

Antonio : Buenas tardes. ¿Está Isabel?

Madre de Isabel : Un momento, por favor.
Parece que ella empieza a tomar un descanso en la terraza. Espera un momento.

(Después de un rato)

Isabel : Sí, ¿diga?

Antonio : Hola, Isabel. Soy Antonio. ¿Estás ocupada?

Isabel : Pues, no.

Antonio : ¿Qué estás haciendo?

Isabel : Estoy escribiendo una carta.

Antonio : Si quieres puedo llamarte más tarde.

Isabel : No, ¡Qué va! Ya estoy terminándola.

Antonio : Mira, ¿qué vais a hacer tú y Miguel este domingo?

Isabel : Nada, ¿por qué?

Antonio : Ana y yo pensamos ir al cine. ¿Queréis venir con nosotros?

Isabel : ¿Qué película vais a ver?

Antonio : Vamos a ver 'Los Fantasmas de Goya'.

Isabel : ¿Dónde la ponen?

Antonio : En el cine Palafox.

Isabel : Vale. Voy a decirle a Miguel.
En este momento está trabajando. ¿A qué hora empieza la película?

Antonio : Hay una sesión a las siete y media y otra a las nueve y media.
¿Te parece bien si vamos a la sesión de las nueve y media?

Isabel : De acuerdo. Te llamo si llega Miguel.

Antonio : Bueno. Hasta luego.

Isabel : Hasta luego.

PREGUNTAS

1. ¿Qué está haciendo Isabel?
2. ¿Está trabajando Isabel?
3. ¿Qué película quieres ver?
4. ¿A qué hora empieza la película?
5. ¿Dónde ponen la película?
6. ¿A qué hora es la última sesión?

일하고 있어요.

이사벨 어머니 : 여보세요?

안또니오 : 안녕하세요. 이사벨 있나요?

이사벨 어머니 : 잠깐만요.
그녀가 테라스에서 휴식을 갖기 시작한 것 같네요. 잠깐만 기다리세요.

(잠시 후)

이사벨 : 네, 여보세요?

안또니오 : 안녕, 이사벨. 나 안또니오야. 바쁘니?

이사벨 : 아니.

안또니오 : 무엇을 하고 있니?

이사벨 : 난 편지를 쓰고 있어.

안또니오 : 원한다면 더 늦게 너에게 전화할 수 있어.

이사벨 : 아니야, 안 그래! 이제는 그것을 끝내고 있어.

안또니오 : 이봐, 이번 일요일 너하고 미겔 너희들 무엇을 할 건데?

이사벨 : 할 일은 없는데, 왜?

안또니오 : 아나와 나는 영화관에 갈려고 생각해. 너희들 우리와 함께 올래?

이사벨 : 너희들은 무슨 영화를 볼려고 하는데?

안또니오 : 우리들은 '고야의 유령들'을 볼거야.

이사벨 : 어디서 그것을 상영하는데?

안또니오 : 빨라폭스 영화관에서.

이사벨 : 좋아. 미겔에게 말할게.
지금은 일하고 있어. 영화는 몇 시에 시작하니?

안또니오 : 7시 반에 상영이 하나가 있고 9시 반에 다른 상영이 있어.
우리들은 9시 반 상영에 가는 것이 어떨까?

이사벨 : 동의해. 미겔이 도착할 때 너에게 전화할게.

안또니오 : 좋아. 안녕.

이사벨 : 안녕.

Contentidos gramaticales

1 어휘 설명

본문에서 ¿Qué vais a hacer?라는 문장은 vosotros(tú의 복수형)라는 가까운 사이에 사용하는 주어로서 스페인에서는 사용하지만 중남미에서는 3인칭 복수인 ustedes가 가족적인 분위기와 정중한 용어로 사용된다.

2 Porque 와 Por qué 용법

이유 또는 원인을 표현할 때, Porque는 평서문에서 (~하기 때문에), Por qué는 의문문에서 '왜'라는 의미로 사용한다.

〈Porque〉

No podemos ir al campo porque está lloviendo.

비가 오고 있기 때문에 우리들은 야외로 나갈 수 없다.

Ahora voy al restaurante porque tengo hambre.

나는 배가 고프기 때문에 지금 식당으로 간다.

〈Por qué〉

¿Por qué lloras? 왜 우니?

¿Por qué estás en la cama? 왜 침대에 있니?

3 Pensar + 동사원형(~할 생각이다)

Pensar는 (생각하다)라는 의미를 갖고 있으면서 동사원형과 함께 쓰일 때는 (~할 생각이다)라는 의미를 지닌다. 또한 불규칙동사 pensar는 인칭 변화에 있어서 어간의 모음이 (e → ie)로 변하지만 nosotros / vosotros에 해당하는 어간의 모음은 변하지 않는다.

Pensar(e → ie)

p**ie**nso	pensamos
p**ie**nsas	pensáis
p**ie**nsa	p**ie**nsan

Piensas ir al cine. 너는 영화관에 갈 생각이다.
Pienso salir a la calle. 나는 거리로 나갈 생각이다.
Pensamos llamar a Ana. 우리들은 아나를 부를 생각이다.
Piensan estar diez días. 그들은 10일 동안 체류할 생각이다.

4 Empezar + a + 동사원형(~하기 시작하다)

Empezar동사는 (시작하다)라는 뜻을 갖고 있지만, 전치사 a와 동사원형을 수반해서는 (~하기 시작하다)라는 의미를 지닌다. 또한 불규칙동사 empezar는 인칭변화에 있어서 어간의 모음이(e→ie)로 변하지만 nosotros / vosotros에 해당하는 어간의 모음은 변하지 않는다.

Empezar(e → ie)

emp**ie**zo	empezamos
emp**ie**zas	empezáis
emp**ie**za	emp**ie**zan

Empezamos a preparar el examen. 우리들은 시험을 준비하기 시작한다.

Empezáis a gritar en voz alta. 너희들은 큰 소리로 외치기 시작한다.

La clase empieza a las nueve en punto. 수업은 9시 정각에 시작한다.

Ellos empiezan a trabajar en la oficina. 그들은 사무실에서 일하기 시작한다.

5 현재 진행형

현재 진행형은 동작의 동시성을 나타낸다. 주로 estar동사의 직설법 현재 + 현재분사로 현재 진행형을 만든다. 또한, 현재 진행형의 문장에서 직접목적어의 위치는 현재분사에 직접 붙여서 표현하거나 estar 동사 앞에 놓는다. Estar 동사 외에도 ir, venir, seguir, continuar 등의 동사들과 어울려 진행형을 나타내기도 한다.

Yo	estoy	
Tú	estás	
Él / Ella / Usted(Ud.)	está	+ 현재분사
Nosotros / s	estamos	
Vosotros / as	estáis	
Ellos / Ellas / Ustedes(Uds.)	están	

일반적으로 현재분사는 동사어간에 -ando 또는 -iendo를 붙여 만든다. 즉, 규칙형으로 -ar동사는 어간에 -ando, -er, -ir동사는 어간에 -iendo를 붙인다.

hablar :	habl-	+	-ando	→	hablando
comer :	com-	+	-iendo	→	comiendo
vivir :	viv-	+	-iendo	→	viviendo

El hombre está hablando con otro hombre. 남자는 다른 남자와 말을 하고 있다.

Los ninos están jugando al fútbol. 아이들은 축구를 하고 있다.

Los alumnos están tomando la nota en inglés. 학생들은 영어로 메모를 적고 있다.

Yo estoy comiendo una manzana. 나는 사과 한 개를 먹고 있다.

Los estudiantes están saliendo de la clase. 학생들은 교실에서 나가고 있다.

***

Vienes cantando con tu hermana. 너는 너의 여동생하고 노래를 부르며 온다.

Seguimos estudiando el chino. 우리들은 중국어를 계속 공부하고 있다.

Voy hablando por el móvil. 나는 핸드폰으로 말하면서 간다.

***

Estoy terminando la carta. 나는 편지를 끝내고 있다.

→ Estoy terminándola.

→ La estoy terminando.

***

직설법 현재는 현재진행형처럼 사용할 수 있다.

¿Qué hace usted? → ¿Qué está usted haciendo?

Veo la televisión. → Estoy viendo la televisión.

6 시간을 나타내는 표현 : desde ~ hasta / después (de) / antes (de) / durante

desde ~ hasta : ~부터 ~까지

después (de) : ~한 이후에

antes (de) : ~하기 이전에

durante : ~하는 동안

Antes de la comida me lavo las manos. 식사 전에 나는 손을 씻는다.

Después de la comida tomo un café. 식사 후에는 나는 커피를 마신다.

Durante el invierno hace mucho frío. 겨울 내내 많이 춥다.

Tenemos clases desde las 9 hasta las 12. 우리들은 9시부터 12시까지 수업이 있다.

Contenidos culturales
문화 엿보기

■ 꼬르도바의 '꽃길'(calle de las flores, Córdoba)

언제부터인가 유대인들은 세계 곳곳에서 마을과 구역을 형성하며 살고 있다. 다른 민족, 다른 종교가 수시로 교차하던 스페인에는 더 말할 나위 없이 꼬르도바(Córdoba)를 비롯한 20여 개의 도시에서 '유대인 거리'가 생기면서 그들의 존재가 널리 알려졌다. 꼬르도바에서 일명 '꽃길'로 통하는 이 거리는 겨우 한 두 사람이 지나다닐 만큼 매우 좁은데다가 서로 미로처럼 얽혀 있어 처음 들어간 사람들은 길을 헤매는 경우를 겪게 된다. 즐비하게 서 있는 집들은 대부분 흰색 벽에 주렁주렁 매달려 있는 꽃들로 인해서 화사한 분위기를 연출한다.

유대인의 역사는 그들이 항상 타민족으로부터 격리되어 살았거나 집시처럼 추방과 방랑을 일삼으며 살아왔음을 증명하고 있다. 유대인들이 끈질기게 자신들의 종교를 고집한 것이 사회적 갈등과 혼란을 조장하는 주범으로 인식되면서 그들은 항상 내일을 기약할 수 없는 운명 속에 있었다. 1492년 기독교인들은 스페인 통합을 이루자마자, 유대인들에게 추방령을 공포하였다. 그들은 어디에 억울함을 호소하지 못한 채 세파르디(sefardí, 15세기말 스페인에서 추방당한 유대인)란 주홍글씨를 가슴에 품고 생존을 위해 유럽 전역으로 뿔뿔이 흩어졌다. 그 후예들이 어디선가 꼬르도바의 꽃길과 같은 마을을 형성하면서 상처받은 조상들의 영혼을 달랬을 것이다.

〈꼬르도바의 구시가지를 형성하는 유대인 지구의 꽃길〉

Ejercicios

I. 다음을 현재 진행형 문장으로 만드시오.

Ella toca la guitarra.	→	Ella está tocando la guitarra.
그녀는 기타를 연주한다.		그녀는 기타를 연주하고 있다.

1. Juan escucha la radio. 후안은 라디오를 듣는다.

   →

2. Mi familia ve la televisión. 나의 가족은 텔레비전을 본다.

   →

3. Tú llevas la revista. 너는 잡지를 갖고 다닌다.

   →

4. Ellos comen en el bar. 그들은 바에서 식사한다.

   →

5. Yo abro la puerta. 나는 문을 연다.

   →

6. Los padres escriben la carta. 부모님들은 편지를 쓴다.

   →

7. Nosotros aprovechamos las vacaciones de verano.
   우리들은 여름휴가를 이용한다.

   →

II. 주어진 단어를 사용하여 현재 진행형 문장으로 만드시오.

¿Qué haces? / escuchar la radio. → Estoy escuchando la radio.
너는 무엇을 하니? 나는 라디오를 듣고 있어.

1. ¿Qué haces? / hacer los deberes.

→

2. ¿Qué hace ud.? / hablar con Carmen.

→

3. ¿Qué hacéis? / pintar las puertas.

→

4. ¿Qué hacéis? / arreglar la radio.

→

5. ¿Qué hace Juan? / fumar un cigarrillo.

→

6. ¿Qué hace tu padre? / hacer la maleta.

→

7. ¿Qué hacéis aqui? / colgar un cuadro.

→

III. 예문과 같이 직접목적대명사를 사용하여 현재 진행형 문장을 만드시오.

Pilar está preparando la comida. 삘라르는 음식을 준비하고 있다.
→ Pilar está preparándola.

1. Nosotros estamos comprando los billetes. 우리들은 표를 사고 있다.

→

2. Carla está pintando las mesas. 까를라는 식탁들을 칠하고 있다.

→

3. Estamos escuchando la música ligera. 우리들은 경음악을 듣고 있다.

→

4. Ellos están saludando a los vecinos. 그들은 이웃들에게 인사하고 있다.

→

5. Tu tía está limpiando la casa. 너의 숙모는 집을 청소하고 있다.

→

6. Las niñas están haciendo los deberes. 여자아이들이 숙제를 하고 있다.

→

IV. 다음 줄친 곳에 'porque' 또는 'por qué'를 쓰시오.

1. ¿____________ no está Juan en casa?
2. Recomendamos a ver la película ____________ es muy emocionante.
3. ¿____________ no quiere comer usted en el restaurante?
4. Voy al gimnasio ____________ me gusta el deporte.
5. ¿____________ llegas temprano a la clase?
6. Tengo que estudiar la historia ____________ hay examen.
7. ¿____________ no tomamos un descanso?

V. Empezar동사를 주어에 맞게 변화하시오.

1. El teatro ____________ a las siete y media de la tarde.
2. En España las tiendas ____________ a abrir entre las nueve y las diez.
3. Los estudiantes ____________ a preparar el examen.

4. La niña ___________ a llorar en la calle.

5. Vosotros ___________ a las nueve en punto.

6. Nosotros ___________ a dormir la siesta.

VI. 밑줄친 곳에 다음 전치사들 중 하나를 고르시오.

desde ~ hasta / después (de) / antes (de) / durante

1. Tengo clase ___________ las diez ___________ las doce.
2. ___________ la playa tomamos una ducha.
3. ___________ acostarte lees un poco.
4. No hay que hablar ___________ la conferencia.
5. Los estudiantes escriben ___________ la clase.
6. Marta y Miguel siempre se echan la siesta ___________ del almuerzo.

아라야네스 안뜰, Patio de Los Arrayanes

그라나다의 알람브라 궁전
(Palacio de La Alhambra, Granada)

알람브라 궁전은 현존하는 가장 뛰어난 아랍문화 양식 건축물 중 하나이다. 1231년 그라나다에 새로운 터전을 마련한 알 안달루스(Al-Andalus) 왕국의 마지막 왕조가 되는 나사리 가문이 아랍 문화를 꽃피웠던 곳이다. 나사리 왕조는 1492년 가톨릭 국토회복운동 군대에 의하여 함락되기 전까지 260년 동안 그라나다와 주변 지역을 다스렸다.

성채 안에 자리 잡은 이 궁전은 아름다운 조각, 화려한 장식을 갖춘 실내 공간, 분수대를 끼고 있는 안뜰로 자연스럽게 이어지고 있다. 특히 이 궁전은 건축과 자연을 하나로 생각했던 아랍인들의 공간 개념을 고스란히 담아내고 있다. 천국 알람브라 궁전의 명칭이 붉은색을 의미하는 아랍어에서 유래되었지만 옛 시가지인 알바이신 언덕에서 바라보면 붉은색보다는 황토색에 가까워 보인다.

동서양 모두 중요한 궁전이나 전략적인 요충지에는 튼튼한 성벽이 세워져 있는 것을 볼 수 있듯이 난공불락의 요새를 세우려는 의도로 알람브라 궁전은 평지가 아닌 산 정상의 가파른 지형을 활용하여 만들어졌다.

연습문제 정답

Lección Preparatoria

I.

1. r**e**y
2. c**a**-rro
3. ch**e**-que
4. a-y**u**-da
5. m**a**-yo
6. t**a**r-de
7. tem-pr**a**-no
8. co-rri**e**n-te
9. tr**a**s-to
10. l**e**-che
11. cho-co-l**a**-te
12. chu-l**e**-ta
13. gl**o**-bos
14. p**a**r-que
15. ca-ra-m**e**-los
16. bi-ci-cl**e**-ta
17. e-d**a**d
18. Bar-ce-l**o**-na
19. qu**e**-so
20. es-cu**e**-la
21. ba-lon-c**e**s-to
22. l**e**n-gua
23. or-de-na-d**o**r
24. cua-d**e**r-no

II. 생략

III. 생략

Lección 1

I.

1. 남성, el
2. 여성, la
3. 여성, la
4. 남성, el
5. 여성, la
6. 남성, el
7. 남성, el
8. 남성, el
9. 여성, la
10. 남성, el
11. 남성, el
12. 여성, la
13. 남성, el
14. 남성, el
15. 남성, el
16. 여성, la
17. 여성, la
18. 여성, la
19. 남성, el
20. 남성, el

II.

1. plumas
2. estudiantes
3. días
4. peluqueros
5. arquitectos
6. españoles
7. luces
8. hombres
9. colegios
10. pelotas
11. campos
12. redes
13. piscinas
14. vacas
15. coches
16. flores

III.

1. el color / un color
2. la muestra / una muestra
3. el nombre / un nombre
4. la pared / una pared
5. la foto / una foto
6. los balones / unos balones
7. el pan / un pan
8. las abuelas / unas abuelas
9. el ciego / un ciego
10. el libro / un libro
11. el colegio / un colegio
12. la hoja / una hoja
13. las cerezas / unas cerezas
14. las amigas / unas amigas
15. el zapato / un zapato
16. el alumno / un alumno

IV.

1. somos
2. Es
3. Sois
4. es
5. Son
6. Soy
7. Eres
8. Son

V.

1. Carlos no es policía.
2. (Yo) No soy peluquera.
3. Miguel no es profesor.
4. (Vosotros) No sois mecánicos.
5. (Tú) No eres niño.

VI.

1. ¿Es Carmen camarera?
2. ¿Es Antonio estudiante?
3. ¿Eres tú pianista?
4. ¿Sois vosotros alumnos?
5. ¿Son ellos enfermeros?

VII.

1. Sí, soy abogado.
2. No, no son arquitectos.
3. Sí, soy piloto.
4. No, no es azafata.
5. Sí, somos ingenieros.
6. No, no sois extranjeros.

Lección 2

I.

1. unos chicos inteligentes
2. unas ciudades famosas
3. los estudiantes nuevos
4. unas sillas bajas
5. los lápices rojos
6. unas señoritas inglesas
7. los hombres grandes
8. las flores hermosas
9. las mujeres felices
10. unas noticias alegres

II.

1. portugués, portuguesa
2. japonés, japonesa
3. italiano, italiana
4. ruso, rusa
5. argentino, argentina
6. inglés, inglesa
7. francés, francesa
8. sueco, sueca
9. brasileño, brasileña
10. chino, china

III.

1. Alemania
2. Colombia
3. Cuba
4. Rumania
5. Holanda
6. América
7. Francia
8. Suiza
9. México
10. Chile

IV.

1. Son franceses.
2. No eres americano.
3. Son españolas.
4. Son brasileñas.
5. Son europeos.
6. Es alemana.
7. Es cubano.
8. Sois mexicanos.
9. Es japonés.
10. Son holandesas.

V.

1. Es inglesa.
2. Es español.
3. Son portuguesas.

4. Son cubanos.
5. Son holandesas.
6. Es alemán.
7. Son japoneses.
8. Son rusos.
9. Son chinos.
10. Es francés.

VI.

1. Los coches son rápidos.
2. Los bares son grandes.
3. Las cafeterías son baratas.
4. Los hoteles son caros.
5. Las ciudades son pequeñas.
6. Los cigarros son malos.
7. Las habitaciones son agradables.
8. Los profesores son simpáticos.
9. Los barcos son lentos.
10. Los hombres son altos.

VII.

1. ¿De dónde eres tú?
2. Soy francés.
3. El bar es barato.
4. Los hombres son de Corea.
5. Encantado(남성) / Encantada(여성).

Lección 3

I.

1. Estas son viejas.
2. Esos son nuevos.
3. Aquellas son las casas.
4. Aquellos son de América.
5. Estos son caros.
6. Esas son unas mesas.

II.

1. La silla es pesada.
2. El coreano es inteligente.
3. El turista es inglés.
4. La colombiana es feliz.
5. El lápiz es largo.
6. La ciudad es bonita.
7. El hombre es muy trabajador.
8. El italiano es guapo.

III.

1. soy
2. es
3. somos
4. son
5. son
6. sois
7. eres
8. es

IV.

1. Las ventanas son anchas.
2. Los hermanos de Carmen son muy simpáticos.
3. Los zapatos son azules.
4. Las mesas son redondas.
5. La silla es cómoda.
6. Los hoteles son caros.

V.

1. Aquellos son altos.
2. Esta es pequeña.
3. Esas son grandes.
4. Aquel es nuevo.
5. Ese es de Corea.
6. Esta es amable.

VI.

1. En la biblioteca hay libros.
2. En la sala hay unas sillas.

3. En la plaza hay muchos bancos.
4. En la ciudad hay tres museos.
5. En la calle hay un teatro.
6. En el cajón hay pocos euros.

VII.

1. ¡Qué contentos!
2. ¡Qué guapo!
3. ¡Qué caliente!
4. ¡Qué delgados!
5. ¡Qué gordo!
6. ¡Qué triste!

Lección 4

I.

1. esta
2. este
3. estas
4. estos
5. estos

II.

1. esa
2. esas
3. esos
4. ese
5. esas

III.

1. aquel
2. aquellas
3. aquella
4. aquellos
5. aquellas

IV.

1. estoy
2. está
3. están
4. estamos
5. estás
6. estáis
7. está

V.

1. El salón es pequeño. / El salón está aquí. / El salón está a la izquierda.
2. La guitarra es antigua. / La guitarra está aquí. / La guitarra está a la izquierda.
3. Los sillones están aquí. / Los sillones están a la izquierda.
4. El cuarto de baño es pequeño. / El cuarto de baño está aquí. / El cuarto de baño está a la izquierda.
5. Las mesas están sucias. / Las mesas están aquí. / Las mesas están a la izquierda.

VI.

1. es
2. son
3. es
4. está
5. son
6. están
7. es
8. es
9. son, están
10. es, está

VII.

1. Aquellos alumnos son coreanos.
2. Esas señoritas son turistas.
3. Esta ciudad es grande.
4. Ese edificio es antiguo.
5. Aquella fábrica es pequeña.
6. Esas plazas son bonitas.
7. Estas habitaciones son agradables.
8. Aquellos estudiantes son ingleses.
9. Esta torre es románica.
10. Esa profesora es alta.

Lección 5

I.

1. Aquellas iglesias son góticas.
2. Este edificio es la biblioteca.
3. Esa señora es mi tía.
4. Esas chicas son las secretarias.
5. Esta fruta es la naranja.
6. Aquellas señoritas son de Francia.
7. Ese libro es de Juan.
8. Estas mesas son caras.
9. Aquel hombre es simpático.
10. Esta torre es del siglo XVI.

II.

1. ¿Es muy amable esta señora?
2. ¿Son japoneses aquellos turistas?
3. ¿Son modernas aquellas casas?
4. ¿Es un centro de deporte ese edificio?
5. ¿Son médicos estos señores?
6. ¿Es una escuela este edificio?
7. ¿Es un libro esto?
8. ¿Es una fábrica aquello?

III.

1. ¿Cómo es este señor?
2. ¿Quiénes son aquellos turistas?
3. ¿Cómo son aquellas mesas?
4. ¿Qué es ese edificio?
5. ¿Quiénes son estos señores?
6. ¿Qué es eso?
7. ¿Qué es esto?
8. ¿Qué es aquello?

IV.

1. Las ventanas están abiertas.
2. Ustedes están cómodos.
3. Las habitaciones están desordenadas.
4. Los bancos están cerrados.
5. Ellas están en el edificio.
6. Nosotros estamos todavía en la cama.
7. Vosotras estáis casadas.
8. Las chicas están bien.

V.

1. El cartero lleva las cartas.
2. Yo compro la revista.
3. Tú lavas el coche.
4. Nosotros saludamos al vecino.
5. El hombre cuenta el dinero.
6. Ellos escuchan la música.
7. Carmen pinta la puerta.
8. Vosotros paseáis por el parque.

VI.

1. Ud. puede usar la bicicleta.
2. Nosotros podemos jugar en el jardín.
3. Vosotros podéis comprar los cuadernos.
4. Ellos no pueden fumar en la clase.
5. Yo veo una película en la televisión.
6. Tú ves una obra de teatro.
7. Ellas ven otro restaurante en la calle.
8. Antonio y Lola ven la televisión en casa.

VII.

1. Los estudiantes practican los verbos.
2. Yo compro la comida.
3. El profesor explica la gramática.
4. Tomamos un vaso de leche.
5. Andrés habla ruso.
6. Mi padre fuma un cigarro.
7. Ellos esperan el autobús.
8. Compramos las frutas.

Lección 6

I.

1. Carlos y yo bebemos mucho té.
2. Los niños hacen los deberes en casa.
3. El Sr. Kim vende libros en la librería.
4. Uds. cogen naranjas en el jardín.
5. El lunes Juan y tú coméis en el restaurante.
6. Tú respondes a la pregunta en español.
7. Ellas aprenden inglés en la clase.

II.

1. Nosotros queremos jugar al fútbol.
2. Mis amigas tienen los mismos años.
3. Los muchachos tienen calor.
4. Los niños tienen hambre.
5. Yo quiero comprar un ordenador.
6. Tú vienes a la escuela en bicicleta.
7. Vosotros venís a la ciudad.
8. Jiménez y yo queremos un helado.
9. Este domingo mi tío viene a Madrid.

III.

1. Mi abuela Elena tiene sesenta años.
2. Mi prima tiene dieciocho años.
3. Tengo treinta y ocho años.
4. Este bebé tiene cinco días.
5. Nuestros tíos tienen cuarenta y tres y cuarenta y ocho años.
6. Esta niña tiene tres meses.
7. Mi sobrina tiene trece años.

IV.

1. Sus padres están ahora en Francia. (Juan)
2. Sus libros están en la mesa. (Ud.)
3. Vuestros hijos estudian en América. (Vosotros)
4. Tus abuelos comen el pan. (Tú)
5. Mi cuñado se llama Carlos. (Yo)
6. Su hijo tiene veinte años. (Pedro y Ana)
7. Nuestras hermanas visitan el museo en Lóndres. (Carmen y yo)

V.

1. Verdadero
2. Falso
3. Falso
4. Verdadero
5. Falso
6. Verdadero
7. Falso
8. Verdadero
9. Verdadero
10. Falso

VI.

1. Este es tu coche nuevo.
2. Vuestro jardín es agradable.
3. Carlos es el tío de Luisa.
4. Nuestro amigo tiene diecisiete años.
5. Daniel es el hijo de Marta y Pablo.

Lección 7

I.

1. Me parece que es aburrida.
2. Me parece que son interesantes.
3. Me parece que es cómodo.
4. Me parece que es ruidosa.
5. Me parece que es bueno.
6. Me parece que son modernos.
7. Me parece que es pequeña.

II.

1. acaban
2. acabo
3. acabáis
4. acabas
5. acabamos
6. acaban

III.

1. la
2. las
3. las
4. lo
5. la
6. lo
7. lo

IV.

1. La escuchamos.
2. La compramos.
3. Lo lavan.
4. La abrimos.
5. Carlos la calienta.
6. El padre lo compra.
7. Su abuela la come.
8. Ellos las cierran.
9. Las queremos estudiar / Queremos estudiarlas.
10. Tu amigo lo visita.

V.

1. Sí, nos ayudan.
2. Sí, lo saludáis.
3. No, no lo espero.
4. No, no lo estudia.
5. Sí, lo tomo.
6. No, no lo tocamos.
7. Sí, la visito.

VI.

1. ciento una personas
2. doscientos doce cines
3. setecientos setenta y siete wones
4. quinientos zapatos
5. mil señoritas
6. novecientas noventa sillas
7. veinte mil vacas
8. diez mil una chicas

Lección 8

I.

1. Sí, son de nosotros.
2. No, no es para ti.
3. Sí, es para mí.
4. Sí, tiene una caja delante de sí.
5. No, no quiero hablar con vosotros.
6. No, no quiero venir aquí contigo.
7. Sí, puedes llevar el perro contigo.

II.

1. El reloj es para ella.
2. Hablamos de ti.

3. Este diccionario es de él.
4. Tengo la cita con ellos.
5. Esperan a mí.
6. Esta carta es para usted.
7. Los niños comen con nosotros.

III.

1. Sí, quiero ir a la oficina de correos.
2. No, no deseo ir al extranjero.
3. No, no podéis hacer el viaje.
4. Sí, espero aprobar el examen.
5. No, no pensamos tomar el barco.
6. Sí, sé hablar español.
7. No, no prefiero tomar una taza de té.

IV.

1. ¿Quiénes nadan en el río?
2. ¿A quién saluda Roberto?
3. ¿A quiénes ve Ángel?
4. ¿Quién espera el autobús?
5. ¿A quién espera María?
6. ¿Quién ve una película en el cine?

V.

1. Ud. puede comprar el billete mañana.
2. ¿Cuándo salís vosotros?
3. Este traje cuesta 70 euros.
4. Nosotros volvemos a casa a las 10.
5. Vosotros recordáis vuestra juventud.
6. Uds. pueden ver a Teresa.
7. Este coche cuesta muy caro.

VI.

1. Tú conoces un restaurante barato.
2. Ellos desean tener una casa.
3. Nosotros tomamos las frutas del tiempo.
4. No quiero las comidas saladas.
5. Ahora aquella mesa está libre.

Lección 9

I.

1. le
2. le
3. nos
4. te
5. me
6. le

II.

1. Sí, nos gustan los pájaros.
2. No, no nos gusta visitar la catedral.
3. Sí, me gusta bailar.
4. No, no le gusta ir al hospital.
5. Sí, nos gusta el invierno.
6. No, no me gustan los animales.

III.

1. Nos gusta la ciudad.
2. Os gusta ir a la playa.
3. Nos gusta la musica.
4. Me gusta nadar en el mar.
5. Le gusta el tenis.
6. Me gusta tomar el sol.
7. Le gusta el teatro.
8. Os gusta el deporte.

IV.

Me(Te / Le / Nos / Os / Les) gustan los libros.
Me(Te / Le / Nos / Os / Les) gusta la playa.

Me(Te / Le / Nos / Os / Les) gusta la ciudad.
Me(Te / Le / Nos / Os / Les) gustan los helados.
Me(Te / Le / Nos / Os / Les) gustan los museos.
Me(Te / Le / Nos / Os / Les) gusta el campo.
Me(Te / Le / Nos / Os / Les) gusta escribir la carta.
Me(Te / Le / Nos / Os / Les) gusta la montaña.
Me(Te / Le / Nos / Os / Les) gustan las flores.
Me(Te / Le / Nos / Os / Les) gusta explicar la lección.

V.

1. Son las siete y trece.
2. Son las catorce y cincuenta. / Son las quince menos diez.
3. Son las veintitrés y quince. / Son las veintitrés y cuarto
4. Son las diez y treinta. / Son las diez y media.
5. Es la una y seis.
6. Son las seis y cuarenta. / Son las siete menos veinte.

VI.

1. Sale a las siete y cuarenta y cinco. / Sale a las ocho menos cuarto.
2. Sale a las diez.
3. Sale a las once y veintiuna.
4. Sale a las veintidós y quince. / Sale a las veintidós y cuarto.
5. Sale a la una y cincuenta. / Sale a las dos menos diez.
6. Sale a las trece y treinta. / Sale a las trece y media.

VII.

1. la una y cinco
2. las doce y cuarenta / las trece menos veinte
3. las dieciséis y quince / las dieciséis y cuarto
4. las diecisiete y cuarenta y cinco / las dieciocho menos cuarto
5. las veinte y treinta / las veinte y media
6. las veintiuna y cuarenta y dos / las veintidós menos dieciocho
7. las diecisiete y treinta y cinco / las dieciocho menos veinticinco
8. las once y veintiséis

Lección 10

I.

1. sabemos　2. conoce　3. sabe　4. sé
5. Sabe　6. conoce　7. sabéis

II.

1. tienen que　2. Hay que　3. tienen que　4. tienes que
5. Hay que　6. tenéis que　7. Hay que

III.

1. Hay que preparar la comida.
2. Hay que visitar el museo.
3. Hay que pedir el postre al camarero.
4. Hay que salir a las diez.
5. No hay que practicar el piano.
6. Hay que pensar antes de escribir.
7. Hay que llamar a la policía.

IV.

1. Vosotros tenéis que tener paciencia.
2. Yo tengo que estar a las nueve en casa.
3. Vosotras tenéis que comprar el libro de texto.
4. Ustedes tienen que estar dos días en la cama.
5. Ellos tienen que salir esta noche.
6. Nosotras tenemos que llegar al cine.
7. Ustedes tienen que ser puntuales.

V.

1. Hace tres meses que no veo la película.
2. Hace un año que fuman ellos.
3. Hace una semana que no voy al parque.
4. Hace seis meses que vivo en este piso.
5. Hace cuatro días que no jugáis al fútbol.
6. Hace dos años que vamos al campo.
7. Hace una hora que espero el autobús.

VI.

1. hago
2. Hace
3. Hace
4. Hacemos
5. Hace
6. hace
7. hace

Lección 11

I.

1. por
2. para
3. Por
4. para
5. por
6. para
7. para
8. por

II.

1. vamos
2. vais
3. voy
4. va
5. van
6. vas

III.

1. Voy a comer en un restaurante.
2. Van a tomar café en el bar.
3. Van a ver una película en el cine.
4. Van a pasar una noche en un hotel.
5. Vamos a comprar una camisa en la tienda de ropas.
6. Vas a tomar el sol en la playa.

IV.

1. Voy a comer la paella.
2. Vamos a tomar una cerveza.
3. Voy a celebrar una fiesta.
4. Vamos a hacer los deberes.
5. Vais a comprar un diccionario.
6. Vais a visitar el museo.

V.

1. ¿Qué va a visitar Laura?
2. ¿A quién va a traer el enfermero?
3. ¿Qué vas a enviar?
4. ¿Qué vais a escribir?
5. ¿Qué vamos a pintar?
6. ¿A quién va a saludar Julia?

VI.

1. algo
2. alguna, algún
3. algunos
4. alguna
5. nada

VII.

1. Nadie me quiere ayudar.
2. Nada me interesa.
3. Nadie viene a casa.
4. Nadie contesta a la pregunta.
5. Nunca tiene tiempo.
6. Nada nos gusta.

Lección 12

I.

1. fácilmente
2. lentamente
3. felizmente
4. rápidamente
5. amablemente
6. correctamente

II.

1. Ud. se levanta a las ocho.
2. Yo me acuesto muy tarde.
3. Miguel se sienta en la silla.
4. Nosotros nos secamos las manos.
5. Tú te pones el sombrero.
6. Vosotros os laváis la cara.
7. Ellas se pintan las uñas.

III.

1. Tú te duermes en la cama.
2. Nosotros nos cortamos el pelo.
3. Mi madre se peina.
4. Ellos se duchan con agua caliente.
5. Vosotros os laváis la cara.
6. Yo me baño los sábados.

IV.

1. No, no me quito la chaqueta.
2. Sí, me pongo el sombrero.
3. No. no nos lavamos los pies.
4. Sí, te sientas en la silla.
5. No. no se secan el pelo.
6. Sí, os laváis las manos.
7. No. no nos acostamos a las once de la noche.

V.

1. suele
2. sueles
3. soléis
4. suelo
5. solemos
6. suele
7. suelen

VI.

1. Normalmente estudio en casa.
2. A veces escuchas la música.
3. Siempre se levantan tarde.
4. Juan va a casa en metro.
5. Nosotros vamos a Seúl en tren.

Lección 13

I.

1. Juan está escuchando la radio.
2. Mi familia está viendo la televisión.
3. Tú estás llevando la revista.
4. Ellos están comiendo en el bar.
5. Yo estoy abriendo la puerta.
6. Los padres están escribiendo la carta.
7. Nosotros estamos aprovechando las vacaciones de verano.

II.

1. Estoy haciendo los deberes.
2. Estoy hablando con Carmen.
3. Estamos pintando las puertas.
4. Estamos arreglando la radio.
5. Está fumando un cigarrillo.
6. Está haciendo la maleta.
7. Estamos colgando un cuadro.

III.

1. Nosotros estamos comprándolos.
2. Carla está pintándolas.
3. Estamos escuchándola.
4. Ellos están saludándolos.
5. Tu tía está limpiándola.
6. Las niñas están haciéndolos.

IV.

1. Por qué
2. porque
3. Por qué
4. porque
5. Por qué
6. porque
7. Por qué

V.

1. empieza
2. empiezan
3. empiezan
4. empieza
5. empezáis
6. empezamos

VI.

1. desde, hasta
2. Después de
3. Antes de
4. durante
5. durante
6. después

규칙 및 불규칙 동사 활용표

(직설법현재)

I 규칙동사

제1변화 규칙동사(−ar)형

어미변화	amar(사랑하다)	제1변화규칙동사(-ar)형 동사
어간 + **o** 어간 + **as** 어간 + **a** 어간 + **amos** 어간 + **áis** 어간 + **an**	am**o** am**as** am**a** am**amos** am**áis** am**an**	andar, agradar, ayudar bastar, bailar, buscar caminar, cantar, comprar desear, denominar, desayunar enseñar, escuchar, estudiar fabricar, fomentar, fracasar hablar, heredar importar, innovar, invitar llamar, llegar, llevar mirar, marcar, montar nadar, narrar, necesitar ocultar, odiar, olvidar pasar, pasear, pensar, pintar sacar, seleccionar, separar tomar, trabajar, tragar, ...

제2변화 규칙동사(−er)형

어미변화	leer(읽다)	제2변화 규칙동사(-er)형 동사
어간 + **o** 어간 + **es** 어간 + **e** 어간 + **emos** 어간 + **éis** 어간 + **en**	le**o** le**es** le**e** le**emos** le**éis** le**en**	aprender beber, comer, comprender, correr deber, emprender leer, poseer, preveer, prometer responder, romper suceder temer, toser, vender ....

제3변화 규칙동사(-ir)형

어미변화	vivir(살다)	제3변화 규칙동사(-ir)형 동사
어간 + **o** 어간 + **es** 어간 + **e** 어간 + **imos** 어간 + **ís** 어간 + **en**	viv**o** viv**es** viv**e** viv**imos** viv**ís** viv**en**	abrir, admitir, asistir cubrir, compartir, cumplir decidir, descubrir, discutir escribir, existir, encubrir ocurrir, oprimir partir, permitir, prohibir recibir, repartir, recibir subir, sufrir, subsistir transmitir ....

II 철자법상의 변화를 하는 동사

동사원형	직설법 현재
coger 잡다	cojo / coges / coge / cogemos / cogéis / cogen
exigir 요구하다	exijo / exiges / exige / exigimos / exigís / exigen

III 악센트에 주의를 요하는 동사

(-iar, -uar로 끝나는 동사)

동사원형	직설법 현재
actuar 행동하다	actúo / actúas / actúa / actuamos / actuáis / actúan
continuar 계속하다	continúo / continúas / continúa / continuamos / continuáis /continúan
enviar 보내다	envío / envías / envía / enviamos / enviáis / envían

IV 어간모음이 변화는 동사

(e → ie)
* ie가 단어 첫 부분에 올 경우에는 ye가 된다.

동사원형	직설법 현재
cerrar 닫다	cierro / cierras / cierra / cerramos / cerráis / cierran
comenzar 시작하다	comienzo /comienzas / comienza / comenzamos / comenzáis / comienzan
convertir 변화시키다	convierto / conviertes / convierte / convertimos / convertís / convierten
divertir 즐겁게 하다	divierto / diviertes / divierte / divertimos / divertís / divierten
errar 실수하다	yerro/ yerras / yerra / erramos / erráis / yerran
perder 잃다	pierdo/ pierdas/ pierda / perdemos / perdéis / pierden
sentar 앉히다	siento / sientas / sienta / sentamos / sentáis / sientan
sentir 느끼다	siento / sientes / siente / sentimos / sentís / siente

(o → ue)
* ue가 단어 첫 부분에 올 경우에는 hue로 된다.

동사원형	직설법 현재
contar 세다	cuento / cuentas / cuenta / contamos / contáis / cuentan
costar 비용이 들다	cuesto / cuestas / cuesta / costamos / costáis / cuestan
dormir 자다	duermo / duermes / duerme / dormimos / dormís / duermen
morir 죽다	muero / mueres / muere / morimos / morís / mueren
oler 냄새가 나다	huelo / hueles / huele / olemos / oléis / huelen
volver 돌아오다	vuelvo / vuelves / vuelve / volvemos / volvéis / vuelven

(u → ue)

동사원형	직설법 현재
jugar 놀다	juego / juegas / juega / jugamos / jugáis / juegan

(i → ie)

동사원형	직설법 현재
adquirir 획득하다	adquiero / adquieres / adquiere / adquirimos / adquirís / adquieren

(e → i)

동사원형	직설법 현재
conseguir 얻어내다	consigo / consigues / consigue / conseguimos / conseguís / consiguen
elegir 선출하다	elijo / eliges / elige / elegimos / elegís / eligen
erguir 일으키다	irgo / irgues / irgue / erguimos / erguís / irguen
henchir 채우다	hincho / hinches / hinche / henchimos / henchís / hinchen
pedir 요구하다	pido / pides / pide / pedimos / pedís / piden
reír 웃다	río / ríes / ríe / reímos / reís / ríen
reñir 싸우다	riño / riñes / riñe / reñimos / reñís / riñen
repetir 반복하다	repito / repites / repite / repetimos / repetís / repiten
seguir 계속하다	sigo/ sigues / sigue /seguimos / seguís /siguen
servir 봉사하다	sirvo / sirves / sirve / servimos / servís / sirven
vestir 옷을 입히다	visto / vistes / viste / vestimos / vestís / visten

V 모음 + -cer, -cir로 끝나는 동사

동사원형	직설법 현재
agradecer 감사하다	agradezco / agradeces / agradece / agradecemos / agradecéis / agradecen
conocer 알다	conozco / conoces / conoce / conocemos / conocéis / conocen
conducir 운전하다	conduzco / conduces / conduce / conducimos / conducís / conducen
crecer 성장하다	crezco / creces / crece / crecemos / crecéis / crecen
producir 생산하다	produzco/ produces /produce / producimos / producís / producen
traducir 번역하다	traduzco / traduces / traduce / traducimos / traducís / traducen

VI 불규칙 동사

동사원형	직설법 현재
asir 쥐다	asgo / ases / ase / asimos / asís / asen
caber 들어차다	quepo / cabes / cabe / cabemos / cabéis / caben
caer 떨어지다	caigo / caes / cae / caemos / caéis / caen
construir 건축하다	construyo / construyes / construye / construimos/ construís / construyen
convenir 적당하다	convengo / convienes / conviene / convenimos / convenís / convienen
dar 주다	doy / das / da / damos / dais / dan
decir 말하다	digo / dices / dice / decimos / decís / dicen
estar 있다	estoy / estás / está / estamos / estáis / están

haber 갖다	he / has / ha / habemos / habéis / han
hacer 하다	hago / haces / hace / hacemos / hacéis / hacen
huir 도망가다	huyo / huyes / huye / huimos / huís / huyen
ir 가다	voy / vas / va / vamos / vais / van
oir 듣다	oigo / oyes / oye / oímos / oís / oyen
poder 할 수 있다	puedo / puedes / puede / podemos / podéis / pueden
poner 놓다	pongo / pones / pone / ponemos / ponéis / ponen
proponer 제안하다	propongo / propones / propone / proponemos / proponéis / proponen
querer 원하다	quiero / quieres / quiere / queremos / queréis / quieren
saber 알다	sé / sabes / sabe / sabemos / sabéis / saben
salir 나가다	salgo / sales / sale / salimos / salís / salen
satisfacer 만족하다	satisfago / satisfaces / satisface / satisfacemos / satisfacéis /satisfacen
ser 이다	soy / eres / es / somos / sois / son
tener 가지다	tengo / tienes / tiene / tenemos / tenéis / tienen
traer 가져오다	traigo / traes / traemos / traéis / traen
valer 가치가 있다	valgo / vales / vale / valemos / valéis / valen
venir 오다	vengo / vienes / viene / venimos / venís / vienen
ver 보다	veo / ves/ ve / vemos / veis / ven